JN049837

カムカムエヴリバディ

Come Come Everybody

平川唯一と「ラジオ英語会話」の時代

平川 洌

NHK出版

装　丁　坂川朱音（朱猫堂）
イラスト　オガワナホ

JOAK

カムカム先生のこと

「NHKの朝ドラからオファーが来ましたよ」とスタッフから聞いたとき「おお、やっと主題歌か」と、一瞬キュンとしましたが、よく聞けば出演依頼だったので膝がかっくんと折れました。しかもこのドラマの中で唯一の「実在人物」である平川唯一《ただいち》さんのお役だと伺い、朝ドラで僕がお芝居ですか？　と少しひるみましたけれども、出演といっても主にラジオ放送部分です、と聞いてホッとしました。

だがさて「英語の先生」とはこれ如何《いか》に。日本語と長崎弁は自信があるが英語はからきしだよ、とスタッフに言ったら「勉強しましょうね」の一言。かくして大変なことになったわけで、こちらはこちらでドラマです。

さて、カムカムのお話。実は昭和二十七年生まれの僕には「カムカム英語」と呼ばれたNHKのラジオ番組の記憶はありません。ですが、奇妙なことに「カム・カム・エヴリバディ」という歌は遠い記憶のどこかにあったのです。番組が消えても音楽は人々の胸に残る。このことでも音楽の凄みを教わりました。そしてこの曲を選び、わかりやすい英語の歌詞を添えた平川さんのクリエイターとしての力にも驚きました。

番組への出演が決まった後になって、僕は初めて「平川唯一さん」と向かい合ったのですが、改めてご子息、平川洌《きよし》さんのお書きになったご本を読ませていただいて、そのすさまじい人生に震えました。それが本書です。この作品はお父様への愛に満ちています。家族への愛に満ちています。冷静に読み込んでいくと「とんでもない人達」が「とんでもない人生を歩むお話」ばかりが淡々と描かれますが、これをお書きになった洌さんのお人柄でしょうか、唯一さんのご教育でしょうか、登場人物、ご家族のすべての人々が向上心に満ち、人生を諦めず、自分を捨てず、希望を持ち続けて生きる姿に感動しました。平川唯一さんが教育者としてだけではなく家庭人としてもすばらしい方であったこと、ひとりの日本人として、社会人として謙虚に、精一杯に生きた方であったと知りました。

ご子息の洌さんは日本を代表するウクレレ奏者で、お目に掛かってお話をすると、まさに唯一さんの気さくで明るいお人柄が偲ばれ、嬉しくなりました。その洌さんから「あなたは父の役にぴったりです」と言っていただき、本当に嬉しかった。

「英語を知ることで世界を知ることができるんですよ」——そんな平川唯一さんの声が聞こえてきます。本書をお読みになると、あなたも英語が好きになると思います。

さだまさし

Contents

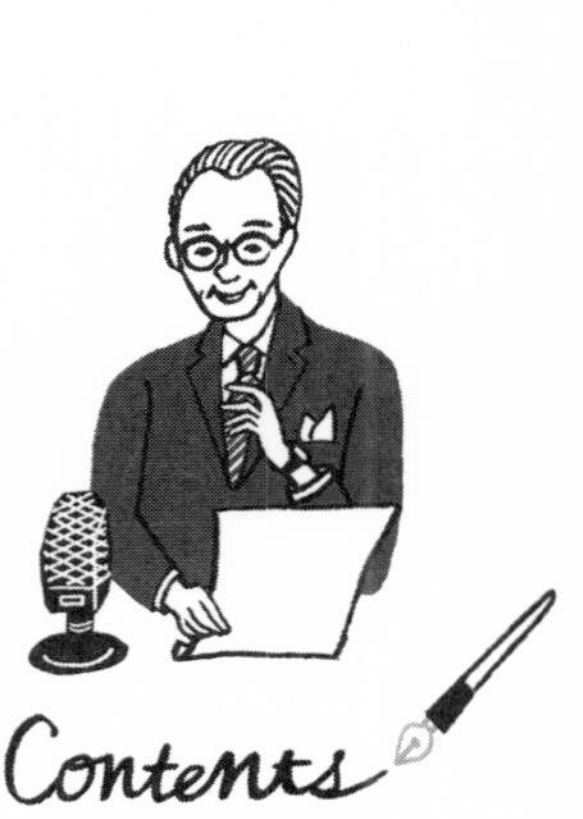

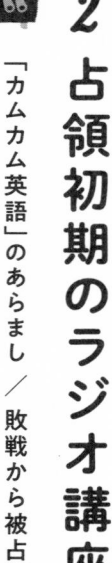

カムカム英語
COME COME

Let's all sing

●本書は、一九九五年当社発行の『カムカムエヴリバディ　平川唯一と「カムカム英語」の時代』を復刻し、新たに巻末に年譜・年表を加えたものです。文中に出てくる経歴・所属等は執筆当時のものです。

1

「英語会話」始まる

最初の放送

昭和二十一年（一九四六）二月一日（金）、朝から東京に降り続いていた雨は午後になると雪に変わり、焦土を白く覆った。

日暮れて雪明かりの下、家々には小さな灯がともり、団欒《だんらん》の時が訪れている。

六時三十分――。ラジオから一つの新しい番組が流れ始めた。やがて、誰からともなく「カムカム英語」と呼ばれるようになり、戦後の一時期を風靡《ふうび》した「英語会話」である。声の主は平川《ひらかわ》唯一《ただいち》――。後に「カムカムおじさん」「アンクル・カムカム」の愛称で広く知られるようになるが、このときはまだ無名の一講師にすぎない。

Good evening. Let's speak English, shall we? I'm delighted to meet you all on the air tonight. And now, 皆さん、こんばんは。今日から、皆さんとご一緒に、毎晩この時間に、「英語会話」のお相手をすることになりました。どうぞ、よろしく。

申し上げるまでもありませんが、この十五分間は、このラジオを通じて、英語会話の実習をなさる皆さまの時間、皆さまご自身の、大事な時間なのであります。そこで、この時間を最も充実した、最も面白い、最も収穫の多い時間にするために、もちろん私も、でき得る限りの努力をいたしますが、皆さまの方でも、お気付きになったこと、良いお考えがありましたら、また、こうしてもらいたいというご希望がありましたら、ぜひお知恵を拝借させていただきたいと思います。

英語会話のことでありますが、皆さんは、小さい赤ちゃんが、だんだん、少しずつ話ができるようになる様子を、よく注意して、ご覧になったことがおありでしょうか。

それこそ、何にもわからないで、ただオギャーオギャーという万国語——これだけは、まさに万国語でしょうね。いくらアメリカの赤ちゃんでも、まさか、それを英語に翻訳して I want some milk. なんて泣くわけではありませんからね——、この、一様にオギャーオギャーと泣いていた赤ちゃんが、二、三年もするうちに、だんだんだんだん、いつの間にやら言葉を覚えて、片言交じりの話ができるようになる。しかも、その言葉を覚える段階といいますか、その様子を見てみますと、それはきわめて自然で、面白いんですね。別に無理するわけでもなければ、特に努力・勉強するわけでもありません。早く言葉を習って、一つ商売でもしようか、なんていう赤ちゃんはありませんから、そこは悠長なものです。

ところが、大きくなってから、さあ英語を習おう、ということになると、なかなかそう楽にはいかないんですね。非常に勉強し、努力してみても、なかなか物にならない。そうですね。そうしてみると、赤ちゃんには何の努力もなしに、誰にでも例外なくできることが、少国民の皆さんや大人には、できないということになりますね、はっきり言うと——。これでは、どうも恥ずかしくて、赤ちゃんの前に顔出しができない。赤ちゃんの顔よりも、こっちの顔の方が赤くなるくらいのものですが、ここはひとつ恥をしのんで、赤ちゃんにその秘訣《ひけつ》を聞いてみましょう。

Won't you please tell us your secret, baby? そこには、確かに秘訣がある。素晴らしい秘訣がある。誰がやっても、やりさえすれば必ず成功する、秘訣がある。その赤ちゃんの秘訣を、実際にそのまま実行しようというのが、今日から始まります、この「英語会話」の時間の行き方であり、特色なのであります。

皆さんが、一人残らず、赤ちゃんに負けないように、英会話にグングン成功していただけるために、ぜひとも実行したいことがあります。赤ちゃんの秘訣——それは、何にも難しいことはありません。ただすべてを、急がずに、無理をしないで、自然に覚えるだけ。一日一日と、新しいことを覚えていけば、それでたくさんなんです。

まず第一に、勉強だとか、苦い顔の努力なんてことはしないことですね。そんなことは、やってみても、続きっこないでしょう。それより、英語というものを面白く、やたらにもてあそぶ。これだけです。そして、英語が、皆さんの大好きなおもちゃになったら、もうしめたものです。そうなれば、その使い方が案外早く上手になり、板についてくることは確かです。

第二には、赤ちゃんが、お母さんの口まねをするのと同じように、講師の発音や言葉の調子をまねていただくことです。これは、実際に声を出してやっていただかないと、うまくいきません。やりさえすれば、九官鳥だってできるんですから、人間にできないことは、絶対にありません。

第三には、なるべく一家庭で少なくとも二人、できれば親子そろって、この時間に参加していただくことです。それは、一人でやる場合よりも、ずっと早く上達するし、お互いに生きた英会話をする機会もできて、非常に面白いことになります。

第四には、習ったことをそのまま、日常の会話にやたら使うことです。ただ、この場合、恥ずかしいとか、間が悪いとか、いやキザだとかいう考えを、全く捨ててかからないと、皆さんの進歩がグッと遅れます。赤ちゃんの秘訣の中でも、この辺が急所なんですから、これはひとつ、盛大に実行していただきましょう。

第五には、あまり完全な英語をしゃべろうと思って、むやみに考え込まないことですね。何しろ、言葉というものは生きたものですから、生かして使わないと、会話上手には絶対になれません。ちょっとでも考え込むと、すぐに会話は死んでしまいます。ですから、実際の場合は、それが片言であろうと、日本語交じりであろうと、そんなことは気にかけないで、とにかく英語の形で言葉を返す——これが、非常に大事なことなのです。

もう一度簡単に申し上げましょう。第一は、苦い顔の努力や勉強はやめて、英語をやたらにもてあそぶこと。第二は、赤ちゃんになったつもりで、講師の発音や言葉の調子をまねること。第三はなるべく一家そろって、この英会話の時間に参加していただくこと。第四は、恥ずかしいとか、間が悪いとかいう気持ちを完全に捨てて、習った言葉を家庭で実際に使うこと。第五は、片言でも日本語交じりでもよいから、考え込まないで、とにかく英語の形で会話を運ぶこと。

赤ちゃんの秘訣というのは、たったこれだけのことで、ほかには何もありません。物事の秘訣というものは、何によらず、例えば宮本武蔵の剣の道にしましても、それはごく簡単なものだそうですが、大事なことは、これを実際に徹底的に実行するということで、これをただ「なぁるほど」と頭で知っただけでは、達人にはなれません。それでできるくらいなら、日本中にいっぱい宮本武蔵ができてしまって、危なくてしょうがない。

そこで、今申し上げたこの秘訣が、なるべく楽に、なるべく面白く、なるべく自然に実行できるようにするために、この講座では、皆さんの日常生活の中から、生きた会話を持ち出してくることにいたしました。どうか、大いに笑いながら、英語をもてあそんで、どしどし傑作をやっていただきたいと思います。

ですから、この時間で説明を聞いても、よくわからないことは、心配しないで、わかることだけ自分のものにして、それを実際に使っていれば、赤ちゃんと同じように、必ずわかるように、英語が話せるようになりますから、あまり気にしないでやっていただきます。何しろ、この英会話の時間は、全国の皆さんと一緒にやる時間なのですから、同じ説明をしましても、ごく初歩の方は、初歩の方だけのことがおわかりになるし、また、相当英語をおやりになった方は、またそれだけ進んだ点について、ハハァとおわかりになることがあると思います。

それは、ちょうど親が同じようなことを話していても、十になる子供と五つになる子供では、理解の点がだいぶ違います。これはまた、当然違ってよいので、同じことを聞いていても、その実力の進歩に従って、だんだんだんだん、深いところや細かいところがわかるようになります。そういうわけで、この講座では、特に初歩の方とか、大学出の方とかいう区別は、全然つけないで、どなたでも使う、生きた会話を題材として、毎日やっていきますから、聞く方の実力がどんなに違っていても、その実力に相当しただけの収穫を得ていただけると思います。(中略)

では、もう、ぼつぼつお時間がまいったようです。Well, until tomorrow night then, this is Hirakawa saying, good night, everyone.

「カム・カム・エヴリバディ」の誕生

「カムカム英語」の通称の由来でもあり、番組を一層親しみやすく、有名にさせたのは「カム・カム・エヴリバディ」で始まるテーマソングである。毎回、放送の冒頭で歌われるのを耳にするうちに、「英語会話」の熱心な聴取者でなくても覚えてしまい、つい口ずさむことになった。ある幼稚園の入園式で、「君が代」を歌える園児はいなかったが、「カムカムを歌おう」と呼びかけると、全員が元気よくこれに応じたという逸話が伝えられている。

デビュー前の美空ひばりは地元の劇場で歌謡曲とともにこの歌を歌っていたというし、『朝日新聞』に連載開始当初の「サザエさん」にも、テキストで英会話を勉強するサザエさんや「カーム、カーム、エーブリバーディ」と歌うワカメちゃんが登場する。しばしば世相を組上《そじょう》に上《のぼ》せ、痛快な諷刺《ふうし》とユーモアで人気の高かった三木鶏郎《とりろう》の「日曜娯楽版」にも「カムカム英語」は取り上げられている。間もなく、「カム・カム・エヴリバディ」と「カムカム英語」は、全国に知れ渡るだけでなく、一つの社会現象と化していく。

二月二日（土）、「英語会話」放送第二日目は、その歌を中心に展開する。

さあ、お父さんも新聞読むのをやめて、お母さんもお皿を洗うのはちょっと後にして、坊ちゃんも、お嬢さんも、お兄さんも、お姉さんも、みんないらっしゃーい。“Come, come, everybody”さあ、歌いましょう、みんなで。しっかりと一人で歌えるように、英語の歌を習いましょう。この歌を歌っているうちに、知らず知らず英語の発音ができるようになり、だんだんと英語の基本が誰にでもわかってくるのですから、面白く、おかしく、大きな声で歌っていただきましょう。

では、ゆうべ停電や何かの理由でこの時間をお聴きにならなかった方のために、いっぺん、言葉をゆっくり言いますから、英語で書ける人は英語で、できない人は片仮名でも何でもよろしいから、書き取っていただきます。(中略)

どうです、できましたか、皆さん。じゃ、歌ってみましょう。最初に、私が一人で歌ってみますから、その発音を、特に気を付けて言ってください。曲は、皆さんご存じの「ショ、ショ、証城寺《しょうじょうじ》」でしたね。(中略)

さあ、では次に、滝田静子先生の伴奏で、東京放送児童合唱団の方たちに歌っていただきましょう。最初に、Come, come, everybody. How do you do, and how are you? というところまで歌っていただきます。じゃあ、元気よく。——そうです。簡単でしょう。じゃ、聴いていらっしゃる方も、大きな声でご一緒に、そこまで歌ってみましょう。——ハイ、そうです。

このCome, come, というのを「カーム・カーム・エーブリバーデー」と引っ張らないように、できるだけ歯切れよく歌いましょう。「カーム・カーム」なんて言っていると、せっかく踊ろうと思って出てきた証城寺の狸《たぬき》が、居眠りを始めてしまいます。例の「狸寝入り」というのは、昔から良くないことになっていますからね。これはひとつ、居眠りをさせないようにCome, come, everybody. と、ウキウキした愉快な調子でやりましょう。——ハイ、そうです。

じゃあ、今度は、聴いている皆さんも、ひとつご一緒に、ついて歌っていただきます。よろしいですか。これを歌う勇気がないようでは、英語をどんなに苦い顔して勉強しても、会話上手にはなれませんよ。さあご一緒に。――そうです。上手じゃありませんか。ほうら、やってみれば、案外できるもんでしょう。（以下略）

COME COME EVERYBODY

カム・カム・エヴリバディ

平川唯一作詞　中山晋平作曲　飯田信夫編曲

Ⅰ. Come, come, everybody.
How do you do, and how are you?
Won't you have some candy,
One and two and three, four, five?
Let's all sing a happy song,
Sing tra la la la la.

Ⅱ. Good-bye, everybody,
Good night until tomorrow.
Monday, Tuesday, Wednesday, Thursday,
Friday, Saturday, Sunday.
Let's all come and meet again,
Singing tra la la.

Ⅰ. こいこい　みんなこい
こんにちは　で　ごきげんさん
おかしを　めしあがれよ
ひとつ　ふたつ　みつ　よつ　いつ
みんなで　うたおよ　うれしい　うたを

Ⅱ. さよなら　みなさん
おやすみ　またあした
月曜　火曜　水曜　木曜
金曜　土曜　日曜
またきて　うたおよ　たのしい　うたを

英会話番組としては初めての、また当時のラジオ放送全体からしても珍しいテーマソング「カム・カム・エヴリバディ」は、童謡「証城寺の狸囃子《ばやし》」を原曲にして生まれた。

「証城寺の狸囃子」のモデルとなったのは、木更津市にある浄土真宗本願寺派證誠寺に言い伝えられた物語である。秋の夜、にぎやかな外の気配に目を覚ました和尚さんが、雨戸の節穴からそっとのぞくと、何と、たくさんの大ダヌキ・小ダヌキが月明かりの下で腹つづみを打って踊っている。しばらくは楽しげな様子を盗み見していた和尚さんだが、とうとう我慢できなくなり、踊りの輪に入っていった。そうして明け方近くまで楽しく踊っていると、タヌキたちはいつの間にか消えていった。こんなことが三晩続き、四日目の夜も楽しみに待っていたが、タヌキたちは一向に姿を現す気配がない。心配になった和尚さんが寺を見回ってみると、一匹の大ダヌキが太鼓腹を破って息絶えていた――というものである。

この話を聞いた野口雨情《うじょう》が「証城寺の狸囃子」として作詞し、中山晋平が作曲に当たった。大正十四年（一九二五）、社団法人東京放送局（JOAKはそのコールサイン。翌年、社団法人日本放送協会に改組。NHKを協会サインとしたのは昭和二十一年三月で、三十四年四月からは略称としても用いるようになる）が東京・芝の愛宕山《あたご》から放送を開始したその年に、中山は自ら出演して、初めての自作童謡であるこの歌を放送に乗せた。以後もラジオを通してたびたび紹介され、軽快なメロディと愉快な歌詞が相まって「証城寺の狸囃子」は大ヒットとなっていったのである。ちなみに、曲名に「証誠寺」を用いなかったのは、野口の遠慮であったという。

「英語会話」が始まったとき、中山晋平は健在であり、作曲家として活躍していたばかりでなく、日本の音楽界の大御所的存在であった。昭和二十三年には日本音楽著作権協会理事長になり、亡くなる二十七年にはNHK第二回紅白歌合戦の審査委員長も務めている（第一回は二十六年一月三日。この前身は二十年の大みそかに始まるが、占領下で〝合戦〟は禁句とされ、「紅白音楽歌試合」であった）。

平川は「証城寺の狸囃子」を英語の歌に翻案することを思い立ったとき、直ちに中山家を訪ねている。おそらく、二十年も押し詰まったころであったと思われる。本人は不在で会うことはできなかったが、夫人に会って丁重に訳を話し、その後、中山晋平の了解を得ている。

テーマソングに託したもの

なぜ、この曲をテーマソングに選んだのであろうか。平川はしばらく後に回想している。

第一の理由は「アメリカから帰ってきて、いろいろ子供の歌を聞いたときに、あの『証城寺の狸囃子』が実にいい曲だ、素晴らしいと思いましてね」。今でもアメリカには「童謡」と言える音楽は少なく、まして大人も子供も親しんで歌い継ぐ歌はほとんどない。「証城寺の狸囃子」の持っているいかにも日本的な、それでいて明るく楽しいイメージに、平川は祖国を離れていた年月が長かっただけに、一層深い感銘を覚えていたのである。

第二には、番組の性格づけと深い関係がある。「英語を教える番組にああした風変わりなテーマソングを付けるなんて『ふざけるな』と言われても仕方のないところなんですが、幸いに英会話の口まね遊びに楽しさを加えることができました」

これに関連して、次のようにも言っている。

「私がこの仕事を始めたころはまだ終戦後数か月のことで、日本人は大きな声で歌える歌一つも持っていないという状態でした。いわゆる戦後の虚脱状態の真っただ中で、『リンゴの唄』という何とも言えない感傷的な、退廃的な歌がはやっていました。この空気を何とか明朗にしたい。戦後の日本を明るくしたい――ただ英語の勉強というのみでなく、こういう考えからカムカム英語は誕生したのです」

「リンゴの唄」は二十年十月十一日、戦後初の松竹映画「そよ風」の主題歌として誕生した（映画と同名の歌があるので、正確にはB面である）。佐野周二・上原謙と共演した松竹歌劇団の並木路子が、霧島昇とデュエットで歌ったものである。作詞はサトウハチロー、作曲は万城目正であるが、映画の完成を急いだために歌が間に合わず、撮影のときに並木が歌っていたのは「丘を越えて」であったという。暗い時代から解放された喜びと希望をリンゴに託したとされるこの歌は、その年十二月、田村町の飛行館での「希望音楽会」以来ラジオで盛んに放送され、レコードは短期間に三十万枚を突破する大ヒットとなった。蓄音機の普及していなかった時代に、である。

一般に戦後を代表する〝明るい歌〟とされる「リンゴの唄」を、放送開始三年後のインタビューに答えてのことではあるが、平川は〝退廃的〟と断じている。そこには、戦後に対する平川の視点がうかがえる。悲惨な現状を乗り越えて、「リンゴの唄」の描くところよりはるかに明るく豊かに復興する日本の姿を思い描き、自らに与えられた役割を通して、少しでもその実現に役に立っていきたいと願っている。単なる思いつきではない。過去のあらゆる体験と知識と熱意の中から「カムカム英語」も、「カム・カム・エヴリバディ」も生まれてきたのである。

ところで、放送の中で紹介されている滝田静子のピアノ伴奏と東京放送児童合唱団の歌声は、しばらくの間、番組の冒頭に生で続けられた。録音盤（レコード）が製作されて使われるようになったのは、開始から一か月近くが経過したころと推定される。滝田静子は妻よねの二番目の妹、つまり平川の義妹である。東京音楽学校（現在の東京芸術大学）に学んで、和洋音楽の素養を身に着けてはいたが、当時は教師をしており、プロであったわけではない。取りあえずの助っ人として駆り出されたものであろう。

東京放送児童合唱団は昭和十八年五月に誕生した。日本放送協会の専属合唱団であるが、数ある児童合唱団の中から選ばれたのは音羽ゆりかご会であった。後に東京放送児童合唱団が独自の団員で構成されるまで、音羽ゆりかご会は二つの名前で活動したということになる。しかし、「ゆりかご」が与える印象が時世にそぐわないとの判断があったらしく、終戦に近づくに従って、歌手の名前とともに放送の記録に多く残るのは、東京放送児童合唱団である。

メンバーの一人に川田正子がいる。川田は作曲家海沼《かいぬま》実の主宰する音羽ゆりかご会に入り、昭和十八年、関東児童唱歌コンクールで二位に入賞、ＪＯＡＫには音羽ゆりかご会の一員として、またソロ歌手として頻繁に出演した。小学生であったが、Ｂ29による空襲が激しさを加えてからも疎開をせず、家族とは離れて、内幸町の放送会館にほど近い南佐久間町の自宅で海沼と二人、突然の出演依頼に備えて待機することが多かったという。戦後は二十年十二月の「里の秋」が大ヒットし、翌年八月二十五日に伊東市と本局スタジオを結ぶ二元放送で歌った「みかんの花咲く丘」で、童謡のトップ・スターとなる。孝子・美智子の二人の妹とともに、音羽ゆりかご会の三姉妹といえば、当時知らない人はいなかった。

川田は当時まだ英語が読めなかったので、平川に仮名を付けてもらい、宮川美子の指導で歌い始めた。変声期を迎えたことと、その春に東洋英和女学院に進学したこともあって、二十二年八月で歌手を〝休業〟するが、それまで、川田は英語の歌を通して「カムカム英語」との付き合いを続けている。童謡歌手であり、また指導者として活躍する川田は、「ほかにも〝カムカム〟の英語の歌を歌っていた」と言う。

2

占領初期のラジオ講座

「カムカム英語」のあらまし

「カムカム英語」の詳細は追って見ていくことにして、とりあえず全体について触れておこう。

平川唯一が講師を務めた「英語会話」は昭和二十一年二月一日から二十六年二月九日までの五年間、NHKから放送された。その後、約十か月の休止期間をおき、十二月二十五日からは、開局と同時に民間放送のラジオ東京で、その名も「カムカム英語」で放送された。ラジオ東京以外に、新日本放送（大阪）、中部日本放送（名古屋）、ラジオ九州（福岡）の電波に乗り、間もなく北海道放送も加わっている。一年後の二十七年十二月二十六日に五局の放送がいったん終了し、年明けの二十八年一月五日からは日本文化放送、京都放送、北海道放送（継続）、仙台放送（東北放送）、神戸放送、ラジオ新潟、北陸放送、四国放送、福井放送の電波に乗った。その後、北日本放送、ラジオ高知、南海放送、ラジオ青森、岩手放送、ラジオ三重、九州朝日放送、ラジオ山陰、ラジオ福島、ラジオ山梨、岐阜放送が逐次加わって「カムカム英語」を放送している。これら〝商業放送〟のネットワークによる最後の放送は三十年七月三十日である。

つまり「カムカム英語」は開始から九年六か月でその役割を終えたことになる。

「カムカム英語」は夕方の六時から放送されたと記憶している人は多いが、必ずしも一定していたわけではない。放送時間帯の変更はしばしばであり、民放では、同じ内容でも放送局によって開始が異なった。再放送が行われたこともある。

番組の持ち時間十五分（民放の場合は、コマーシャルなどで前後が多少カットされ、正味十三分程度）は終始変わらなかった。年末・年始を除く月曜日から金曜日までの週日は必ず放送されたが、土曜日が放送に充《あ》てられた時期もある。また、NHKの初期には土曜・日曜も休みなく放送されている。

放送の内容に対応してテキストが発行された。原則として毎月発行され、NHK時代に五十四冊、民放では四十三冊を数えている。テキストには週替わりで対話形式の小話が掲載され、その数はNHKのときが二百十、民放で（NHK当時との重複も多いが）百八十一の計三百九十一話に及んだ。

また、NHK時代の二十三年二月から二十五年十二月までは、平川唯一が主幹となって、雑誌『カムカム・クラブ』が毎月発行された。民放の最後の数か月は、『カムカム・クラブ』の機能の一部を代替するものとして、『カムカム・タイムズ』も出ている。

敗戦から被占領へ

「英語会話」の開始から約半年さかのぼる二十年八月十四日、日本はポツダム宣言を受諾する旨、連合国に通告した。翌十五日正午、終戦の詔勅が天皇自らの声で国民に告げられた。玉音放送である。

八月二十八日、米第七艦隊の先発軍艦が横須賀軍港に入港したのに続いて、厚木基地にテンチ大佐率いる米陸軍先遣隊が到着した。三十日、連合国軍最高司令官マッカーサー元帥が同じく厚木に着き、九月二日、横須賀沖合いのミズーリ号船上における降伏文書の調印を迎える。ここに、昭和十六年十二月八日以来三年八か月に及ぶ日米戦争も、中国大陸に進出してからの長かったすべての戦争も終わりを告げた。灯火管制もなくなり、国民は暗い時代から解放された。

しかし、国土は疲弊していた。

当時の内務省発表によると、空襲のために全焼した家屋は二百三十二万戸、死者二十四万人、負傷者三十一万人、被災者八百五万人であった。そのうち、東京都の全焼八十五万戸・死傷者十五万人、愛知県十七万戸・二万六千人、大阪府三十三万戸・四万人、広島県九万戸・十一万人は、特に被害のひどいものであった。死者の数は、戦闘によるものを含めると二百五十万人とも三百万人ともいわれている。また、アジアの諸国民に与えた被害も大きかった。

戦前の日本では、明治の富国強兵政策の延長で、労働力・資源・資本の多くが軍事につぎ込まれた。肥大化した軍事力をもって侵略し、支配下に組み入れたアジアの諸国からは食糧や原料、さらに労働力までも調達した。そうしなければ、軍事体制下で増大する国内の人口を養っていけなかったのである。

敗戦の結果、日本は破綻《はたん》した。領土は戦前の五四％に縮小された。二十年だけは、戦争による死亡者の増加と出生の減少により四十万人の人口減となっているが、戦前は一年に約百万人の自然増加があり、二十二年以後は差し引き百六、七十万人の増加があった。また、終戦のとき外地にいた日本人は六百六十万人であるが、二十二年末までに大半が帰還している。

戦災による家屋の焼失と、外地からの引き揚げ者の帰還は、まず「住」の不足となって現れた。四百五十万世帯には家がなかった。焼け出された家族の中には地方の親戚や知人の元に一時疎開した例もあったが、焼け跡にはトタン張りの掘っ立て小屋や防空壕の住居さえ珍しくなかった。

雨露をしのぐ程度でも、住まいがあるのは、まだ恵まれた方であった。無論、電灯のない家も少なくない。終戦前後の東京の下町などは闇に沈んで、かすかな人の気配しか感じられなかった。戦争による受難は住まいばかりでなく、仕事にも及んだ。終戦の年の十二月四日、厚生省は失業者数を千三百二十四万人と発表した。

聴取者の参加を募る

番組をどのような性格のものにしていくか、聴取者に対して、やはり二日目の放送の最後で次のように話している。

講座というよりも、英語の遊びをするこの時間では、毎週月曜日から土曜日までの六日間、皆さんと一緒に、テキストによって、テキストという筋書きを基にして英語の遊びをいたしますが、日曜日だけはテキストなしでやります。

で、何をやるかと申しますと、この日曜日の十五分間だけは、毎週、「皆さまの時間」としていきたいと思うんです。この時間で習って、それを実際に使っている皆さまに、縦横に活躍していただきたいんです。一週間英語をやって、それを実際使っているうちに、こんなところがわからないとか、こんなところが困ったとか、また、こんな面白い傑作をやったとかいうことを、できるだけ簡単に一筆書いて、放送局の、教養部平川あてに送っていただきますれば、それを毎週日曜日のこの時間に、放送したいと思っております。

もちろん、たくさんある場合には、その中から選ぶことになりますが、とにかく、皆さんのこの時間に対するご意見とか、面白い話とか、英語について知りたいとかいうことがありましたら、思いついたときにすぐ書いて、送っていただきたいと思います。何しろ、皆さんがどんなお考えを持っていられましても、また、どんな面白い経験をされたとしても、そのままにしておいたのでは何にもなりません。これはひとつ、どしどし公開して、みんなでこの時間を、一日中の最も楽しい、そして最も収穫の多い時間にしていただきたいと思っておりますから、ぜひ、皆さまの素晴らしいお手紙をお待ちしております。

NHKのアナウンサーであった鈴木健二が昭和六十二年二月二十二日、総合テレビのインタビュー番組「お元気ですか」の中で、「皆さまの時間という辺りは今までの日本人にはない言葉」であると指摘しているが、平川の考えの中には、聴取者といかに一体化していくかという意思が当初から明らかにあった。

反応はたちまち現れる。開始後二度目の日曜日に当たる二月十日の放送である。

さあ皆さん、お待ちかねのSundayがいよいよまいりました。今日はひとつ、皆さんに思う存分、活躍していただくお約束でしたね。それにしても、皆さんからいただいた、この山のような、素晴らしいお手紙。その一つ一つが、みな真情のこもった、うれしい、本当に涙の出るほどうれしい、激励のお言葉や、熱心なお尋ねばかりなんです。これでは、どんなに苦心し、工夫しましても、この十五分間に全部を放送することはおろか、適当にこれを選ぶことすら、なかなかできそうにもありません。

そこで今日は、皆さんのうれしいお便りを、全部この宝くじの大きな丸い箱に入れまして、それをグルグルグルッと回して、ピコンと出てきたのから、皆さんにお聞かせすることにいたします。（中略）

最初は、東京都渋谷区代々木初台町の望月つねてる君の、かわいい字で書いたお手紙です。

〈平川のおぢさん、まいばんごくろうさまです。ならふぼくらもけんめいです。おぢさんも、がんばってください。ぼくらとおぢさんときょうそうしませう。六じはんのかいわがまちどおしくてたまりません。でも、おぢさん、かいわが十五分でおわってしまふと、くらやみのなかへなげこまれたような、さびしいきがします。このようにおもしろいかいわが十五分でおわるのはまったくざんねんですから、おぢさん、ウンとがんばって三十分くらいにしてくださいい。かいわのじかんを三十分に。くれぐれもおねがひ〉

つねてる君、ありがとう。おじさんは、泣いて君の手紙を読みました。このほかにも、いくつかこんなお手紙をいただいて、おじさんは魂の感激というものを初めて経験しました。つねてる君も、大いにがんばってくださいい。

さ、もう一度グルグルグルッと回して、ポンと出たのは、これはだいぶ遠方ですね。

愛知県東春日井郡旭村の今西忠一さんからのお尋ね。

〈この頃進駐軍の貼り紙に OFF LIMITS と言ふのが方々にあるが、あの意味を教えて下さい〉

これは最近できた用語で、以前ノモンハン事件のころ、日本でも「越境」という言葉がはやりましたね。あの「越境」によく似たのがこのOFF LIMITSなんです。offは「離れて」といった意味、limitsは「境」とか「限界」といった意味ですから、OFF LIMITSの貼り紙のあるところは、進駐軍人にとって限界外である、ここへ入ると越境になる、すなわち「立入禁止」という意味なんです。おわかりになりましたか。

では、またグルグルグルッと回して、ゴトンと出てきたのは、これは岩手県九戸郡大野村の澤田久一さんからのお尋ねで、

〈先月で打ち切られた「実用英語会話」で、毎晩御開講前に西内（正丸）さんが「今晩は、皆さん」と言へば、続いて杉山（ハリス）さんが「グリデンヤイブリワン」と言ふ様でしたが、どう言ふ意味でせうか。又、堀（英四郎）さんがおやめになる時「ワウ、グッパーイ、イブリボディ」と言はれますが、このワウと言ふのは何と言ふ訳でせうか〉

これは面白い質問ですね。杉山さんが「グリデンヤイブリワン」と言うように聞こえるのは、英語を聞きつけないためで、どなたでも無理もないことです。これはグリデンヤではなくGood evening.――good は良い。evening は晩。すなわち「こんばんは」ということですね。Good evening. 早く言うと、Good evening.

それからeveryoneというのは、大体everybodyと同じことで、どちらも「皆さん」という意味です。どちらも、皆さんの一人一人に呼びかける意味の言葉なんですが、この「一人一人に」という感じからいうと、everyoneの方が、よりはっきり、一人一人という感じが出るとも言え

ます。それから、堀先生の「ワウ」ですが、あれはワウではなく、wellなんです。この字を日本式に発音するとウェル、ウェルなんですが、正しく発音するとwellですから、聞き慣れないとワウのように聞こえます。この言葉の意味は、「では」とか「じゃあ」とか「ええと……」とかいったところです。おわかりになりましたか。

ではまた、宝くじをグルグルグルッと……、今度はどんなのが出るかな。ホホー、これはかわいいツバメの付いた絵はがきですな。東京都杉並区馬橋の、村尾香代子さんからのお便り。

〈先生の毎晩の英会話、一家揃ってお聞きしています。カムカムの歌は全部覚えました。今朝父がなかなか起きないのでYou had better get up. と言ったら、オーケーと言って起きてきました〉

お寝坊のお父さんも、英語でやられては、寝ていられないと見えますね。その調子で、何でも英語でやっつけてください。

おや、次の宝くじはもう出てきたんですか。エーッと、これは封書ですね。秋田県鹿角郡尾去沢町ですか、これは。柴田澄子さんからのお手紙。

〈私共一家は毎晩英語講座の時間にはラヂオの前に集まり熱心に英語を覚えやうと努力しておる者で御座います。今度先生のご指導になりまして、更に英語に対する面白さが増して参りまして毎晩時間の来るのが本当に楽しみでございます。更に又発音の点なども詳しく教へて頂けまして、私共田舎に居りながらまるで英語の学校に入っているやうな、又赤ちゃんの手を取って歩かせて下さるやうなご指導を深く深く感謝申し上げております〉

そうですか。英語に心から親しんでいらっしゃるご様子は、本当に力強い限りです。(中略)

では、お次の宝くじ。おやおや、これはずいぶん入っているようですね。東京都世田谷区北沢町の東城影郎さんのお便り。これには「第一信」と番号が打ってあります。

〈拝啓　此頃の聞くには甚《はなは》だつらき放送中、御飯を頂く次に楽しみとしてゐますのは、オベッカの様乍ら英会話の時間であることは私の手下共(ピストル強盗とお間違ひなき様、詳しく申せば小生同様の六十の手習い連中)の一様に念仏も忘れて申す言葉です。Come, come, everybody. 大変愉快な歌ですね。コタツに入り込んで親分が小声で而《しか》も人に聞かれない様な調子でやっつけた途端姐御《あねご》の曰く、ショッショッと言うのは英語でカンカンと言ふのね。これを聞いて一寸怪訝《けげん》な顔をした手下共は暫《しばら》くしてワッと爆笑。兎《と》に角《かく》先生の会話講座は近来にない放送界のヒットです。何卒一年でも二年でも赤ん坊が一人前になるまで愛想をつかさないで御辛抱願ひます。山の神、否、可愛い姐御のヘッピリソングを聞きつつ〉

ハハハ、愉快ですね、これは。「ショッショッ」は「カンカン」で、ヘッピリソングを歌っていらっしゃる。その歌の聞こえる限り、それこそ一年でも二年でも、がんばりましょう。必ずやります。では、もう一度よく回して、コロリと出てきたのが……これはまた、ご遠方のところをどうも、広島県沼隈郡今津町の麻生弥生さんですね。ちゃんと仮名が振ってあります。

〈拝啓　此度平川先生のほんに気持ちの良い英語の御教授有難う御座います。先生、How do you do? というのは「今日は」と御教へ願ひましたが、道で外国人にすれちがふ場合、日本語で普通行はれてゐる会釈の意味即ちコンチワの意味で、見知らぬ外国人にでも右の How do you do? を使って行き過ぎていゝでせうか〉

なぁるほど。これは良いところにお気付きになりましたね。これは大変結構なことで、未知の外国人に、私どもの持つ温かい気持ちを伝えるのには、進んでそうやりたいもんです。

もちろん、向こうが女の方ですと、遠慮した方がよいでしょうが、男の方でしたら、必ずHow do you do, sir? という風に、最後に軽く sir をつけて言いましょう。これは How do you do, サーではまずいので、必ずこの sir を軽く、How do you do, sir? といった風にやります。このsir というのは、男の人に対する敬称ですから、同じあいさつをしても、この sir があるとないとでは、聞く方の感じが非常に違います。これは、もちろんアメリカではあまり使わないのですが、平常聞いていない良い言葉であるだけに、余計に好感の持てる言葉なんです。

でも、あまりこれを強く言うと、キザになりますから、気を付けることですね。そして、無論、この How do you do, sir? のあいさつでも、場所を考えて適当にやることは必要でして、東京の銀座辺りで会う進駐軍に、いちいち皆あいさつしていたら、それこそ日が暮れてしまいます。これで、おわかりになりましたね。（中略）

まだまだ、いつまで読んでも、皆さんのうれしいお便りは、とても五時間や八時間では読めそうにありません。では、今日の宝くじの抽選は、この辺で締め切ることにいたしまして、また明日から、新しい筋書きで、面白い英語遊びをいたしましょう。

Until tomorrow night, then. This is Hirakawa saying Sayonara and good night.

「英語会話」テキスト第一号

二月三日（日）、放送はまだテキストの内容には入っていない。四日になって、その辺の事情が明らかにされる。「テキストが私のところにだけあって、皆さまのところにないのは、どうも具合が悪く、誠に申し訳ありません。今日印刷が上がってきましたから、間もなくお手に入ると思います」と謝っている。放送の決定から開始に至る期間のおそらく短かったこと、用紙の手当てや印刷・製本の事情などが重なって、テキストの発行が間に合わなかったのである。

それにしても、「英語会話」は相当の関心を持って聴かれ始めたらしく、既にテーマソングを歌う子供たちの姿を町のそこここで見かけるようになっている。

テキストは、現在の英会話講座のものからは想像もつかない代物である。現存する第一号のテキストは変色して、今にも形を失いそうな状態にある。紙質の劣る菊判の用紙に一色で印刷し、中とじを想定し十六ページと八ページの計二十四ページに折ってはあるが、断裁も製本の加工もしていない。自分で本の形に仕上げなくてはならない。左端を糸でかがり、右側と上下の袋の部分を切り離すと、一枚ずつ開くようになる。この体裁は翌年末の第十八号まで続く。無論、表紙も共紙で、版面から想定する限り、仕上がりはB六判である。

このころのテキストと放送の思い出をつづった文章が、平川唯一の没後の平成五年九月一日付『朝日新聞』の投稿欄「声」に掲載されている。

〈敗戦の翌年の二月一日、国民学校六年生であった私の耳に、カムカム英語会話の講師、平川唯一先生の声が、ラジオから飛び込んできた。温かい、ユーモアのある語り口は、硬い口調の多いアナウンスに慣らされていた少年には新鮮な驚きであり、初めて外来文化に触れた思いであった。テキストは、新聞用紙の表裏二ページか四ページ分の大きさのザラ紙に、講座内容を印刷し、それを折っただけのものだった。それにナイフを入れてページを切り離し、あり合わせの厚紙で表紙を作り、背に穴をあけてとじた。最初の十号分を、私は宝物として保存している。毎号、最終ページに「カムカム・エブリボディ」の歌詞があり（三号目からは二番「グッバイ・エブリボディ」が加わる）、ラジオでは「証城寺の狸囃子」の曲で、可愛い歌声を流していた。

中学で社会科を担当している私は、敗戦後の世相を生徒に説明する時、必ずこの私製の本と英語の童謡を紹介する。黒板いっぱいに英語で歌詞を書き、私が歌って聞かせる。

平川先生は「グッバイ・エブリボディ」と言って逝かれたのであろうか。

小平市・水谷拓夫（中学教員・五十九歳）〉

第一号のテキストの奥付を見ると、二十一年一月三十日印刷、二月一日発行とある。編纂《へんさん》者は東京都麴町区内幸町二丁目三番地、日本放送協会、池田幸雄、発行者は同所、胃腸病院内、日本放送出版協会（現在のＮＨＫ出版）、奥屋熊郎、印刷者は同じく日本放送出版協会と、麴町区有楽町一ノ十一、毎日新聞社が連記され、発売所も毎日新聞社となっている。第一号の定価は八十銭である。

テキストを開くと、まず、土曜日の予定である「総ざらい」の分として、会話形式で全体のショート・ストーリーがある。英会話講座では一般にダイアログ（dialogue）とかスキット（skit）と呼ばれているもので、いずれも対話とか問答を意味するが、平川の意図や内容に照らしてみると、寸劇というニュアンスを持つスキットと称するのがふさわしい。なぜなら、どんなテーマでも変化に富み、楽しい展開となるよう、常に腐心していたからである。

この英文の下に付いている片仮名は、英語のいわば振り仮名で、「カムカム英語」の一つの特色であった。学校英語でおなじみの発音記号は一切使用していない。横には日本語で訳文がある。テーマは一週ごとに完結し、これを月曜日から金曜日までの五つのスキットに区切って、講義の内容としていくのである。

週日の分には振り仮名も訳文もないが、それぞれに五行から十行の「活用」の記事が付いている。言葉の意味や文型の解説、これを使った文例、特に留意すべき点などがあって、文字通り応用して使えるような配慮から生まれたものであった。後に、講師自身、「活用」の意義をたとえを交えて述べている。

毎日、こうした、愉快に逃げ回るメダカを追いかけている私たちは、つかまえたメダカを、早く金魚に育て上げてみたい気がしますね。メダカは、普通では、金魚になりっこありませんね。そこで、皆さんは、どうしたらメダカが金魚になるか、ご存じですか。それには、つかまえたメダカに、いろんなシッポを付けて、それを十分に活用することですね。こうして、メダカを金魚に育てる手引きをしてあるのが、テキストの「活用」のところなんです。これを利用すると、一匹のメダカでも、すぐ五匹、十四の仕事をするようになって、とても面白いんです。この面白さがわからないと、皆さんは、ミルクの一番おいしいところを残していることになりますよ。丸々太りたい赤ちゃんは、このおいしい活用のミルクを、十分に飲んでいただきましょう。よろしいですね。

（二十一年五月十日）

生きた英会話を目指す

実に簡素な構成要素のように見えるが、現在流通している各種の英会話テキストの原型がここにある。平川唯一は、これらをすべてオリジナルに書き下ろしていたのである。

第一週のテーマはTaro and Father（太郎と父）。場面はアメリカの家庭ではなく、日本の父子の話である。早朝、父が太郎を起こす。起きてきた太郎は、父に約束のボール遊びをしようと言うが、父はまず顔を洗ってラジオ体操をしてからだと促す――。第一号は以後、「花子と父」「太郎と母」「かるた会」と続くが、いずれも身近な話題ばかりで、少しも外国の場面や話題は出てこない。

平川が「生きた英会話を題材にして」と言うとき、次のようなことを指しているのであろう。「太郎と父」の朝の光景は、大抵の家に見られるもので、仮にその通りではないとしても、容易に想像がつく。「花子と父」では、二人が草花を植えるやりとりをしながら、疎開から二週間前に帰ってきた友人のことを話題にする。そして花子が、「田舎の人って親切なんですってね」と聞いた話の印象を述べる。「太郎と母」では、当時の少年たちに急速に人気の高まっていたベー

庭で何してるの）

H: I《アイ》 am《アム》 planting.《プランティング》（花子一植えてるの）

F: Planting?《プランティング》 Planting《プランティング》 what?《ホワット》（父一植えてる。何を）

H: Easter《イースター》 lily,《リリー》 see.《シー》（花子一白百合よ。ホーラね）

F: Well,《ウエル》 good《グッド》 for《フォア》 you!《ユー》 But《バット》 do《ドウ》 you《ユー》 know《ノウ》 how?《ハウ》（父一ウーン，それはいいなあ。だが植え方を知つてるのかい）

H: Ah《アー》 hum.《ハン》 Michiko-san《ミチコサン》 told《トールド》 me.《ミー》（花子一エー。道子さんに教へていただいたの）

F: You《ユー》 mean《ミーン》 the《ザ》 girl《ガール》 that《ザット》 used《ユースト》 to《ツー》 come《カム》 here《ヒア》 last《ラスト》 spring.《スプリング》（父一道子さんのは去年の春頃此處へよく來てゐた子かい）

H: That's《ザッツ》 right.《ライト》（花子一えゝさうよ）

F; I《アイ》 didn't《ディディント》 know《ノウ》 she《シー》 was《ワズ》 back《バック》 from《フローム》 the《ザ》 country.《カンツリー》（父一田舍からいつ歸つて來たんだらうなあ）

H: Oh,《オー》 she《シー》 got《ガット》 back《バック》 two《ツー》 weeks《ウィークス》 ago.《アゴー》 And《エンド》 she《シー》 told《トウルド》 me《ミー》 all《オール》 about《アバウト》 her《ハー》 uncle《アンクル》 and《エンド》 aunt.《アント》（花子一もう二週間も前よそして叔父さんや叔母さんの事すつかり話して下さつたの）

F; She《シー》 did?《ディッド》 Did《ディッド》 she《シー》 have《ハヴ》 good《グッド》 time《タイム》 in《イン》 the《ザ》 country?《カンツリー》（父一さうかい。田舍はどう，面白かつたてかい）

H; Yes,《イエス》 very.《ウエリ》 She《シー》 said《セッド》 all《オール》 country《カンツリー》 people《ピープル》 are《アー》 so《ソー》 kind.《カインド》 Is《イズ》 that《ザット》 true,《ツルー》 father?《ファーザー》（花子一エー，とても。田舍の人つて親切なんですつてね。さう）

FRIDAY（金曜日）

Father: When you are through, turn on the radio, will you?

Taro: OK, dad.

F: It's about time for radio exercise.

T: Here I am. Good morning, dad.

F: Well, good morning, Taro! you are fast. Now, get ready for radio exercise one, two, three, four, five, six, seven, eight.

【活用】turn on=（使用するため）スイッチを入れる。（例）—Turn on the light=電燈をつけなさい。Turn on the water=水を出しなさい（水道の）OK=all right と同じ。here I am=さあすんだ，此處にゐます，何か御用。 well （此處では）オヤといつた感投詞。fast と言ふ字は非常に意味の多い字で，此處では速度が早いと言ふ意味。get ready=用意をする，用意をしなさい。radio exercise=ラジオ體操。radio gymnastic とも言ふ。

SECOND WEEK（第二週） SATURDAY（土曜日）

HANAKO AND FATHER（花子と父）

Father: Hanako《ハナコ》, Hanako《ナコ》.（父—花子，花子）

Hanako: Yes《イエス》, father《ファーザー》.（花子—ハーイ）

F: Where《ホエア》 are《アー》 you《ユー》?（父—何處にゐるの）

H; Out《アウト》 here《ヒア》, in《イン》 the《ザ》 garden《ガーデン》.（花子—此處。お庭よ）

F; Well《ウエル》, what《ホアット》 are《アー》 you《ユー》 doing《ドウイング》 in《イン》 the《ザ》 garden《ガーデン》?（父—お

— 6 —

「英語会話」テキスト第１号　第２週「Hanako and Father」

スボールが出てくる。「かるた会」は、冬季の室内では最も一般的であった遊びを取り上げる。さすがに百人一首は日本語で読み上げている（平川自身、かるた遊びが大好きで、また得意でもあった。平川家の正月の恒例になっていた「かるた会」のときばかりは、カムカムおじさんもふだんとは打って変わって真剣そのものであった）。つまり、平均的日本人の日常の場面で繰り広げられる会話を、英語で構成しているのである。

戦前、英語の教科書も編んでいた大西雅雄は昭和二十五年、『平川英語の研究』（メトロ出版社）を上梓《じょうし》している。これによると、「英語会話」テキスト三十冊を分析した結果、使われている英単語は千七百二十一語で、このうちの六百語が全体の実に九〇・八％を占めているという。現在の中学生が三年間で学習する英単語は約一千とされるが、ほぼそのレベルで「カムカム英語」は自在に構成されているとも言える。

一方、特に初期の放送の中で、英語と日本語の違いには丁寧すぎるくらいの対応をしている。

日本語では何時何分と言いますが、英語で時間を言うときには、時も分も言いません。ただ、時間の数字を先に言って、次に分の数字をくっつけます。ですから、六時三十分でしたら、six thirty でよいわけです。これだけでも、よく覚えておけば、これを活用して、いろいろ英語で話ができますね。やってみてください。

ついでに six thirty の発音をやってみましょう。まず six ですね。この six はセッキスでもないし、シッキスでもないんです。ちょうどセとシの間ぐらいですから、これをよく聞き分ける耳を訓練して、それを口で言えるように、練習していただきます。よろしいですか。シッキスでも、セッキスでもなく、six, six, 言ってみてください。そうです。英語には、こういう風に、日本語から見ると、はっきりしないような、どっちともつかないような、中間の音《おん》がありますから、この中間の音を正しく発音しないと、どうしても日本人くさい英語になってしまいます。

言葉を換えて申しますと、日本語の発音の常識や習慣を、そのまま英語に出すと、まるっきり見当が違って、はっきり言おうとすればするほど、相手にわからなくなってしまいます。これは、外国人が、英語の発音の常識で日本語をしゃべるのを聞いてみると、変な風に聞こえるのと同じことです。例えば、日本語のつもりでMasa kari katsuida Kintaroなんて言います。これでも、英語の方から見ると、ずいぶんはっきり、ものを言っているつもりなんですが……、どうです、おわかりになりますか。

（二十一年二月五日）

六時三十分、「平川先生の英語会話の時間でございます」のアナウンスに続いて、テーマソングが始まる。その後、Good evening, everybody. Good evening. How about giving me a big smile. That's good! Atta girl, atta boy. などと英語であいさつを述べ、日本語の語りに入る（Atta girl. はThat's a girl. の省略形で、「いい子だ、いい子だ」といった意味の俗語。一九三〇年ごろの米語との批判もあったが、平川は意に介さず、しばしば使用している）。いきなりその日の講義内容に入っていくことは、余程急いでいない限り、ない。導入の話題も毎日工夫を凝らしている。

二月六日（水）には、次のような話をしている。

進駐軍のラジオでは、このごろ盛んに、日本語の歌を歌っているのを、ご存じですか。皆さんも、お聞きになったことがあると思いますが、こうなんです。「モシモシ、アノネ、アノネ、アノネ、モシモシ、アノネ、アーソーデスカ」というんです。ところが、この間、雪が降りましたね。で、あの雪のことは、英語でsnowと言います。snowですね。それから、あの雪が解けかかってきたところを歩く音を、slushyと言います。slushyですね。そこで、雪の降った次の日に、例の進駐軍の歌を聴いていますと、こう言っているんです。「slushy, slushy, アノネ、アノネ、アノネ、slushy, slushy, アノネ、アー snow デスカ」って。

「英語会話」が始まる二日前の一月二十九日夜、翌年十月からの「日曜娯楽版」の前身である「歌の新聞」第一回が放送された。三木鶏郎のデビュー番組である。「モシモシ、アノネ……」は、コントと歌で構成するこの十分間の最初にも流されている。

メロディはイギリス童謡の「ロンドン橋落ちた」で、「モシモシ、アノネ……」は日本語の替え歌なのだが、今これを日本の歌と固く信じて歌っている外国人は少なくない。既にこのころ、米兵の間でよく知られていたものであることがわかる。平川は一つの話題として取り上げているのであるが、そこにさりげなく英語を取り込み、勉強臭を排した雰囲気づくりを試みている。

初めての休講

当初の予定では、放送は休講日を設けずに連続するのではなかったかと推察される。講師自らが述べ、テキストの予定にも記されているように、月曜日から土曜日まではテキストに基づき、日曜日の十五分間だけは「皆さまの時間」にしていくはずであった。これは、打ち切らざるを得なかった「実用英語会話」の後の当座をしのぐためか、初めから講師の交代制を想定していたか、いずれにしても三か月という期限を切って、放送局から平川に講師の依頼があった。それ故に、約束の期間は休みなく全力で当たるというのが、放送局・講師両者の合意した方針ではなかったかと思われる。

二月十七日（日）は初めて休講になるが、これについて前日の放送の最後に、次のように予告している。

明晩は、皆さんと第二回目の、楽しい日曜日のお遊びをすることになっていましたが、お偉い方の大事なお話がありますので、明日の日曜日だけ、この時間がお休みになります。一晩でも、皆さんとお会いできないのが、本当に寂しい気がしますが、でもまた、月曜日からご一緒に、張り切って、面白い英語のお遊びをいたしましょう。

そして、次の日曜日には、また、すばらしいプログラムができるよう、皆さんのお手紙をお待ちしていますよ。

（二月十六日）

二月十七日六時半からの「英語会話」が休止になったのは、政治上の大きな出来事のためである。〝お偉い方〟とは、時の幣原《しではら》首相・渋沢蔵相・福島農相・小笠原商相・楢橋書記官らである。この日、政府は終戦以来高進するインフレなどの経済危機緊急対策として、金融緊急措置令・臨時財産措置令・食糧緊急措置令・隠匿物資等緊急措置令を公布した。これらに関して、政府から国民に六時から七時二十分の放送を通じ、理解と協力を求める呼び掛けがなされたのである。

太平洋戦争の開戦直前に四十七億円であった紙幣の発行高は、玉音放送のあった二十年八月十五日に二百八十六億円となり、その後も膨らんで年末に五百億円を突破、翌年二月には六百億円に達した。何の裏付けもなく、紙幣だけが増刷されたのである。それらは主に戦争中の軍需会社への補償、進駐軍の設備費、復員兵に対する手当の支払いに充てられた。このツケは猛烈なインフレとなって庶民を襲った。東京の卸売物価は敗戦後四か月で二倍になり、翌年六月に五倍に高騰した。ヤミが横行し、食糧不足と相まって、インフレをあおった。

お金を持っていても、毎日その値打ちが下がっていく。いきおい、物々交換という原始的な経済システムが自然に行われるようになった。復員姿も珍しくなく、服装に気を配る余裕もなかった当時、季節の外出着などを余分に持っている者は、これを農家で米やイモなどの食糧に換えた。タケノコは成長するにつれて一枚ずつ皮を落としていくが、戦後の「タケノコ生活」は身の皮をはいで食いつなぎ、やせ細っていく悲惨な暮らしを象徴する言葉である。

こうしたインフレを食い止めるために採られたのが、「新円切り替え」と呼ばれる二月十七日の金融施策であった。価値の下落するお金にまで制限が加わったのである。

流通している日銀券は三月二日限りで使えないことになり、新円の払い戻し額は一か月、世帯主三百円、家族一人につき百円までとし、それを超える分は封鎖預金とされた。給与の現金支払いも月に五百円までしか許されなかった。使えるお金が制限され、生活の枠が強制されて、日銀券の流通高も一か月以内で一挙に四分の一に縮小されたが、生産が伴っていないから、インフレは一向に収まる気配はなかった。日銭の入るヤミ商売などが日に日に太るばかりであった。

二十一年一月二十一日、東京・板橋の陸軍造幣廠倉庫から、大豆千俵、米三十俵、木炭千俵など三十万円相当の隠匿物資が摘発された。共産党食糧対策委員会が乗り出して旧陸軍の管理責任者に供出を約束させ、板橋・滝野川両区民に相当量が配給されることとなった。しかし、政府・警視庁・GHQ（= General Headquarters, 連合国軍総司令部）が勝手な「人民配給」に反対し、中止された。敗戦当時の六大都市における主食の配給量は一日二合一勺（約三百十五グラム）とされ、翌年十一月には二合五勺（約三百七十五グラム）に〝増量〟されたが、この数字は全く保障されなかった。食糧危機は差し迫った状態にあり、人々の不満も高まっていたのである。

「総ざらい」と外国人ゲスト

突然の休講の翌日は「皆さん、こんばんは。あぁよかった。一日のお休みでも、ずいぶん長くお目にかからなかったようで、どんなに今日の放送を待ったかわかりません。でも、また今日から、新しいおもちゃで英語のお遊びができて、私たちは何て幸福なんでしょう」で始まっている。「おもちゃ」とは、しばしば放送の中に出てくる言葉であるが、英語そのものを指すこともあり、会話の具体的なテーマやスキット、特定のプログラムを指すこともある。また「英語のお遊び」と言っているが、これは「英語会話」の番組そのものを指している。「復習」「実習」「練習」「習う」「レッスン」などと言うことはままあっても、勉強とか学習といった言葉は九年六か月の放送を通して、一切使用していない。「カムカム英語」は「勉強」ではない、楽しい、生きた英語なのだという信念を終始持ち続け、実践した一つの表れである。前記の「メダカ」や「金魚」など独特のキーワードも「カムカム英語」には頻出する。

「カムカム英語」の特徴の一つに、毎週最終放送日にゲストを招いてやりとりをする「総ざらい」が挙げられる。今日の英会話講座は大抵、最初からネイティブ・スピーカーをレギュラーに加えているが、「カムカム英語」では原則として講師が一人ですべての役割をこなしていた。太郎の声も花子の声も、父や母の役も、性格に応じて平川自身が演じていた。最後の日だけが、外国人との対話を挟みながら復習するというものであった。

最初にゲストを招いたのは二月九日（土）で、放送はこのような切り出しである。

さ、皆さん、お集まりですか。今日は、いよいよ今週の最後の日、Saturday ですね。皆さんが一週間、楽しみに待っていらっしゃったこの日が、いよいよまいりました。かねてお約束通り、今晩は、外国人の方と二人で、皆さんが今週中、毎晩、ラジオの前で楽しみながら練習なさった、お父さんと太郎の会話を、全部通してやって、皆さんに聴いていただきます。で、今晩のこの英語遊びの時間を、面白く、そして、皆さんに少しでも収穫の多い時間にするために、喜んでお手伝いしましょうと、快く引き受けて、ここに来てくださった方を、これから、皆さんのお宅へ一軒一軒ご案内して、今ラジオの前で、大きな目を開いて待っていらっしゃる皆さんに、ご紹介申し上げます。

この日のゲストは、ミスター・グリッグスである。グリッグスは英国人で、十五年前に来日、福島高等商業学校で三年、慶應義塾大学で八年教鞭《きょうべん》を執り、昭和十三年の「実用英語会話」にも出演したことがあるが、開戦と同時に抑留となり、二十年九月に釈放された。このときは、NHK第二放送「学徒の時間」の「カレント・トピックス」を担当するかたわら、進駐軍の任務にも就いている。

以後、ゲストを招いた放送の回数およびゲスト数は、知り得た範囲でNHK二百七回・百五十九人、民放百七十一回・二百三十四人の、計三百七十八回・三百九十三人に上っている。

この中にはさまざまな人たちがいる。初期には進駐軍の関係者、特に進駐軍向けの放送であるAFRS（＝Armed Forces Radio Service, FENの前身。放送会館に置かれた東京AFRSのコールサインはWVTR）のアナウンサーや番組担当者が多いが、映画俳優、音楽家、新聞記者、教師、実業家などもいる。女性も多く、九歳の女の子マイクルも二十二年、二十三年に登場している。

占領軍はピーク時に四十三万人を超えたが、このほかにも多くの欧米人が来日していた。民放の時代になると、ゲストの顔触れも変わる。放送期間のほとんどがサンフランシスコ講和条約の発効後に当たるため、進駐軍関係者に代わって民間人とその家族になり、年齢層もかなり若くなっている。アメリカンスクールの生徒たちも目立つ。また、四、五人のゲストで構成することも多くなっている。放送を長く聴いた結果、英語が上達した人たちも増え、日本人が出演する機会も設けられている。

後のころの日本人ゲストは「カムカム英語」の成果であるが、初期の多くの外国人は平川が直接交際のあった人々である。それはやがて、職場の関係へ、知人へ、家族へと広がり、壮大な輪ができていった。後には「カムカム英語」の周囲にいて、武田守正や丸山一郎らも外国人ゲストを紹介する手助けをしている。

受講者が喜んだのは、何よりもアメリカ人やイギリス人の生の声を聴けることであった。その内容が少しでも理解できると、学習意欲は一層刺激された。放送を継続して聴いていて、進歩しているのが手ごたえとして感じられるのは、誰にとっても大きな喜びであった。

その週に学んだことの総ざらいに入る前に、平川がゲストを紹介し、ゲストからのあいさつがある。その内容は主として、出身地の地理や気候や町の様子、日本に来てからの行動、日本の印象、聴取者へのメッセージなど、定型的なものであった。しかし、ラジオの前では熱心なカムカム・ベイビーたちが、海の向こうの夢の国の情報を一言も聴き漏らすまいと、耳をそばだてていたのである。

実は、ほとんどの場合、平川が事前にゲストに取材し、話す内容をタイプで打って準備していた。ゲストは、余程気心が知れた間柄でない限り、それを渡されて読み上げるだけが多かったのである。聴取者の求めるところから逸脱しても困るし、何よりも放送時間を厳格に管理する責任があったためである。

間もなく、ゲストに英語で手紙を書くことが平川からラジオで呼び掛けられる。放送局に届く手紙はゲストに後日渡されたが、その手紙は帰国の折などに持ち帰られ、文通などの橋渡しが行われた。海外旅行の自由化は昭和三十八年のビジネス目的に続き、東京オリンピックの開催された三十九年に観光目的でも実施されるが、そのはるか以前、戦後の早い時期に、ひそかに相当な規模で、草の根の交流が始まっていた。

「カムカム英語」の波及

二月十一日（月）、放送の初めに、その日が紀元節であり、英語でNational Foundation Dayと言うことが告げられる。何ら臆《おく》している風はない。二十三年七月二十日、新たに国民の祝日が決定され、従来の四方拝は元日に、春季皇霊祭は春分の日に、天長節は天皇誕生日に、秋期皇霊祭は秋分の日に、明治節は文化の日に、新嘗祭《にいなめさい》は勤労感謝の日に呼称が変わり、成人の日、憲法記念日、こどもの日が新祝日として加わるが、紀元節だけは外される。ＧＨＱの意向は、二月十一日はいかなる名称でも祝日としてはならず、またいかなる日でも日本の国の起源についての祝日は設けてはならないというものであった。日本の神話がいかなる意味を持ったか、それが日本の民主化にとっていかに障害となり得るか、ＧＨＱは警戒したのである。紀元節が、論議を経て「建国記念の日」として国民の祝日に決まるのは、昭和四十一年になってからである。

ところで、平川唯一の「英語会話」が「カムカム英語」と一般に呼ばれるようになるのは、いつごろであろうか。

無論、平川の命名ではない。平川自身が「カムカム英語」の名で聴取者の間に膾炙《かいしゃ》しているのを最初に知るのは、彼らからの手紙によってであった。毎日大量に届く熱烈なそれを、芸能人並みに〝ファンレター〟と呼ぶ人もいるが、いずれにしてもその中に「カムカム英語」の呼称を発見するのは放送開始から間もないころであったと思われる。夕方六時半、今と違って通勤・通学の時間も短く、家族がそろう茶の間に流れた「カム・カム・エヴリバディ」は、ごく自然に番組の代名詞として、誰もがわかるものに定着していったのであろう。

二月二十四日（日）の「皆さまの時間」には、その週に届いた千数百通の聴取者の手紙を例の宝くじ方式で紹介しているが、その中に番組名に触れたものがある。

〈平川のおぢ様、How do you do? おぢ様。おぢ様の会話の時間、何て素晴らしいんでせう。何てワンダフルでせう。まるで真青な空に飛ぶ白いボールの様です。そして何と新しいんでせう。あの come, come, の歌がラヂオから流れてくると、家中エビス様になって踊り出したくなります。この時間にただ「英会話の時間」なんてつまらない名前ぢゃなくって、もっと楽しい名前つけませうよ。おぢ様、皆様から募集して下さい。

東京都淀橋区下落合・矢萩ヤスマサ〉

番組の愛称を公募することはしなかったが、このころ既に「カムカム英語」は一部で通用し始めていたのであろう。〝楽しい名前〟を付けようとの一受講者の呼び掛けに、ラジオの前で一言一句聴き漏らすまいとしている全国の聴取者が一斉に反応したことは想像に難くない。
二月十六日（土）の総ざらいの冒頭で、次のように話している。

昨日、私は放送局で、進駐軍のある大尉の方にお会いしましたところ、その方は二、三日前、ジープで田舎へ出かけたとき、実に驚いたというお話なんです。田舎の子供が、みんな英語をしゃべっている。またそれが、実によくわかる英語なので、不思議に思って尋ねてみた。君たちはどこでそんな英語を習ったの、学校で教えているのか、と聞くと、いいえ、今、毎晩ラジオで一生懸命習っている、という答えだったと、その大尉は目を丸くして、私にそう話してくださったのです。愉快な話じゃありませんか。

宇佐美昇三（駒沢女子大学教授）が日本放送協会編『ラジオ年鑑』昭和二十三年版を基に推定したところによると、「英語会話」の聴取率は二十一年八月時点で二二・四％という驚異的な数字を示している。ラジオ放送受信契約数が五百七十万、普及率三八・六％の時代である。仮に平川の呼び掛けの通りに、一家で二人ずつ放送を聴いている人がいたとしたら、総数は二百五十万を超える。

ちなみに、五百七十万という契約数は、前年の三月に比べて百七十万以上の減少である。当時、戦災による焼失や破損、老朽化した受信機を新たに補充・交換しようとすれば、相当の数が予想された。占領政策の遂行にラジオの果たす役割が大きいとみたＧＨＱは、その普及に熱意を示し、二十年十一月、日本政府に「約四百万台を速やかに新品と取り換え得るような計画を立てよ」と命令した。民需転換を進めていたとはいえ、敗戦直後の産業界の生産力を考えると、途方もない命令である。しかしGHQは、資材の優先的な割り当てなども行って、ラジオの生産を支援したという。

二十一年三月、新しい標準受信機として国民型受信機が政府で決められた。以後、生産台数の九〇%以上を占めるのが、この五極管四球式の普及型で、スーパーヘテロダインや、二十年九月に解禁されたオールウエーブの受信機は八%程度しか作られていない。

それでも、聴取者はラジオの入手に大変な苦労を強いられている。やむなく、豊富に出回っているヤミ市場に出かけると、驚くばかりの値段であった。国民型一号が公定価格四百七十七円に対し八百円、真空管が同じく十六円四十七銭に対し六十円である。食料品や日用品などは、ヤミ値が公定価格の十倍以上になっていた（『朝日新聞』二十一年三月三日）。

点字本テキスト『平川英語会話』

二月二十四日（日）の放送では、聴取者からの次のような手紙を紹介している。

おやおや、これはまた……。東京都小石川区原町の鈴木緑君からの、点字のお手紙です。

〈先生くれぐれも私達の為に点字のテキストの発行をお願ひします。毎日、のぞみのかなひます日を楽しみに待って居ります。どうぞよろしくお願ひいたします〉

いや、鈴木君、君のこのお手紙には、私も強く胸を打たれました。きっと、努力してみせます。この手紙は点字で、その上にまた、ちゃんと読み方が付けてあります。

放送では読んでいないが、点字の手紙はほかにも何通か残っている。点字の行間に、鉛筆でやはり読みを書き添えているこの手紙は、内容から推して二十一年三月末ころに発信されたものであろう。住所・氏名は、封筒がないためにわからない。

〈カムカムの小父様　毎晩　ご苦労様　小父様のお時間の　終わった後　明日のテキストを私の読めるやう　点字に書き直して　居ります　盲学校の　お友達が　かはるがはるにうつしあって　毎晩ラジオの前で　仲良く　勉強いたして　居ります　初等部の　ちっちゃな赤ちゃんも　カムカム　エブリボーデーが　上手になりました　今夜　小父様と　キャンベル中尉の小父様とお二人の　会話　とても　すてき　でしたね　私　英語のお遊びがあんなに面白いこと　初めてわかったやうに　思ひました　金魚になって　自由自在に　泳ぎまはれるまで　一生けんめい　いたします　小父様から　キャンベル中尉の小父様に　よろしく　よろしくおつたへ下さいますやう　お願ひいたします〉

「英語会話」の点字のテキストは、実際に製作された。社会福祉法人東京点字出版所（当時杉並区、現在三鷹市）から、NHKでの放送に対応する内容で点訳（点字製版）されたのである。無論、発行されたテキストの入手を待っての作業であるから、若干のタイムラグはあったが、いずれにしても平川の約束は間もなく果たされる。

東京点字出版所の職員であった和田正（のち栃木県・氏家キリスト教会）は、理事長の肥後基一の指示で、放送会館に平川を訪ねる。放送開始からさほど時日が経過していなかったと、和田は記憶する。「英語会話」のテキストを点訳して出版したい旨依頼すると、平川は即座に快諾したという。当時、唯一の点字書出版所にいた肥後の元にも強い要望が寄せられていたのであろう。それが、くしくも放送に寄せられた声と一つになって、実現していった。

初め、点訳には伊藤福七が当たった。その後、伊藤に代わって、新潟県立高田盲学校から上京して東京女子大学に在籍していた金井キヨと、同じく滋賀県立盲学校から青山学院大学に学んだ高田富美野の二人が、交代で製作に携わる。和田がテキストの墨字を読んで二人を助けた。

ＮＨＫの放送終了後、毎月のテキストは『平川英語会話』として八冊の合本になり、頒布された。わずかずつではあるが、昭和五十五年まで注文に応じて製作していたという。

本扉にENGLISH CONVERSATION, By T. HIRAKAWAの欧文が打ち出してあるのみで、あとはすべて点字である。スキットを収録するだけでも大変な労力であったろう。本文は五十枚ほどにも達する。表紙に厚紙を用いているが印刷はなく、テープで簡易製本しただけである。今見ると、ここにも、関係者と受講者の熱意がしのばれるのである。

キャンベル中尉

二十一年三月二日（土）「かるた会」の総ざらいには、ゲストに四人を招いている。ＣＩＥ

（＝Civil Information and Education Section, 民間情報教育部）新聞課のマッケナニー中尉、ラジオ課のベネット軍曹・アブロマイスタ軍曹、それに日本人アシスタント・スタッフの初見玲子である。女性のマッケナニーは母親役を担当し、ベネットが太郎、アブロマイスタが健、初見が花子になり、平川は父親役を務めている。

マッケナニーは翌々週の総ざらいにも出演している。彼女は自己紹介の中で、コネチカット州の出身で、コロンビア蓄音機会社の広告部勤務を経て一九四三年、ＷＡＣ（＝Women's Army Corps, 陸軍婦人部隊）に入隊、翌年前線に出てニューギニア、蘭領インド、フィリピンを経て六週間前に来日したと述べている。アブロマイスタのことを平川は「私どもの間ではアベさんと呼んでいます」と紹介しているが、後でも触れるように、平川とＧＨＱ、特にＣＩＥの人々との親密な関係をうかがわせる。

放送会館から発信するＷＶＴＲは、東京第三放送とも呼ばれていた。当時、三十五人の放送係員がいて、進駐軍向けに一日十七時間の放送を行っていた。一般のラジオでも受信できたため、最新のジャズに親しみ、生の英語を聴いた人は多い。

三月二十三日（土）の総ざらいには、ＷＶＴＲのキャンベル中尉が出演する。平川は「ちょうど、映画に出てくる有名なフレデリック・マーチのような方で、生え抜きの、典型的なアメリカ紳士です。それに、キャンベル中尉は、アメリカ人の中でも、特に立派な、美しい英語をお話しになりますから、きっと皆さんの、良い参考になると思います」と述べ、キャンベルのあいさつにつないでいる。

キャンベルはこのとき以外に、七月までに四回出演している。事実、彼の〝美しい英語〟は特に聴取者の感動を誘ったようで、前記の手紙をはじめたくさんの反応が寄せられている。

キャンベルは、自らについて次のように述べている。

私の故郷はニューヨーク州です。私はこの十四年間、放送の仕事をしています。現在のマッカーサー司令部に入る前は、米国第一のＮＢＣ放送局で、放送番組実施主任として勤めておりました。その後オーストラリア、ニューギニア、フィリピンなどを経て、去年の八月三十日に厚木飛行場にまいりました。今のところ私は「東京放送局情報」という番組を受け持っていますが、これはアメリカのミューチュアル放送局で中継して、全米に放送されています。私は友人の平川氏の厚意で、この放送に参加できることを非常に喜んでおります……。

キャンベルは、マッカーサー元帥とともにマニラから厚木に着いた〝バターン・ボーイズ〟の一員であった。占領地での最初の放送要員として、平川とは以前から見知っていたものと思われる。キャンベルの言葉を聴取者に日本語で解説する平川は、「過去六か月にわたるミスター・ヒラカワの心から行き届いた協力を感謝します。日本にとっても、彼のような……」と言いかけて、「これから先は略させていただきましょう」と終わっている。

テキストが手に入らない

放送は快調に続いている。

何事であれ、成功と失敗はある。後で振り返ってみれば、何がその分かれ目であったかは判然とするが、事前にそれを把握するのは難しい。失敗であれ成功であれ、そうなるべくしてなる（ツキといったようなことも含めて）わけであるが、できればそれを予測して、失敗は成功へ、成功はより大きな成果に導きたいと願うのは人情である。一方、大成功といわれるケースの場合は、当事者の予想をはるかに超えた展開になることが多い。うれしい誤算というものである。「英語会話」の場合、まさにそうであったらしい。

二月二十二日（金）の放送では、その結果生じた深刻な事態が明らかになる。

私は、毎晩こうして、皆さんとご一緒に、楽しいお遊びをするたびに、いつも一つだけ気掛かりなことがあるんです。それは、毎晩、ラジオの前に集まって、力いっぱい、面白く、英語のお遊びをしようと、張り切っていながら、大事なお遊びの筋書き、テキストが、どうしても手に入らないために、いつも、もどかしい気持ちで、テキストさえあったら、と深いため息をついていらっしゃる方々が、全国にはどれだけいらっしゃるかと思うと、申し訳なくって、居ても立ってもいられない気がするんです。それは、ちょうどお母さんが、かわいい赤ちゃんに、早くお乳をあげようとしているのに、大事な乳首がないために、赤ちゃんは、どうしてもそのお乳がうまく飲めないでいるときの、あのもどかしい気持ちと少しも変わらないんです。

そこで、折入って放送出版協会へお願いしましたところ、非常に骨を折ってくださったおかげで、今度三月分のテキストは、大体、この二十五日ごろ、刷り上がる予定になっていますから、お知らせしておきます。

第一号のテキストが出来上がったのは、放送が始まって四日目であった。この時期に、通常の流通ルートでも、全国に行き渡ったのは月の半ばに至っていたであろう。しかも、折からの用紙不足もあって、発行部数も限られている。到底、受講者の需要にこたえられる量ではない。毎日、日本放送協会教養部気付で届く手紙を読み、放送会館近くの大阪ビルの売店にテキストを求める長蛇の列を目にして、平川は忸怩《じくじ》たる思いに駆られていたのである。

そこで採られた方法は、第一号が二月の四週分の内容を収録していたのに対して、第二号は三月前半の二週分を発行するというものである。これに伴って、定価も六十銭に引き下げられるが、求める身にとっては実質五割の値上げである。それでも手に入るならばと、日本放送出版協会や講師の元へ連日、現金が届く。

真珠王と言われた御木本《みきもと》幸吉は当時八十九歳であったが、英語を習うと言うので、長男の隆三が「音の良いラジオ」を買ってきた。三重県の鳥羽ではテキストを求めることができず、電報で取り寄せたり、また家族の上京のたびに買ってくるよう言い付けていたという。後にテニスの仲間となった平川にそのことを話すと、「笑って喜んでくれた。老父も平川さんをカムカム先生と言っていた」（御木本隆三『御木本幸吉』時事通信社）。全国の書店で容易に買えるようになるのは、しばらく後のことである。

この二週一冊方式は第五号の四月後半分まで続くが、そこで発行は休止し、第六号は七月一日からの放送用テキストとして発行になる。二週一冊方式は少しは発行を早めることになったかもしれないが、しょせん、根本的な解決策ではない。

このような異常事態の背景にはいくつかの事情が想像されるが、最大の原因は用紙不足である。

戦後の出版事情

昭和二十年十月十日、政治犯約五百人が釈放になり、出獄した徳田球一や志賀義雄が「人民に訴う」の声明を発表したが、同じ日に、戦時中の出版統制機関日本出版会に代わって日本出版協会が設立された。ここには、政府から出版用紙割り当ての原案作成権がゆだねられるが、紙の絶対量の不足に、雨後のタケノコのように出版社が増え続ける現実が相まって、なすすべもなかった。一時は刷れば売れるということもあって、各出版社は必要な用紙の確保に奔走する。

紙屑を仕入れて仙花紙などと交換することもあったが、それでは知れた量である。やがて「丸炭」「丸木」と呼ばれる奇妙なバーター制が登場した。製紙会社の側も資材不足は同様である。特に燃料の石炭が不足し、全製紙会社に割り当てられる総量は一か月に三万トンで、操業度は能力の三分の一に落ち込んでいた。原料の木材もこれに近い状況である。そこで、出版社が石炭と木材を探し、紙の増産を手伝って優先的に印刷用紙を回してもらおうとしたのである。

往時の出版経営者には、リュックサックに紙幣をいっぱいに詰めて山村に赴き、パルプ材の切り出しまで手掛けた人もいるし、出版社の中には自社用の用紙調達の必要から発して、やがて事業として製紙部や山林部を置いたところもある。そういう時代だったのである。

戦後の出版界は、まさに狂乱の幕開けとなった。戦時下で検閲を経た、わずかな書物しか読めなかった時代が過ぎ、自由な出版活動が行われるようになると、人々はどんな本にでも飛び付き、むさぼり読んだ。良書ともなれば、窮乏生活の下にあっても、人々は払暁をついて販売所の前に行列をつくり、手に入れようとした。二十年十月にはいち早く総合雑誌『新生』が創刊されたが、これは発売当日だけで十三万部を売り切ったという。

それよりも早く、終戦のちょうど一か月後の九月十五日に発行された出版物がある。戦後の英会話ブームが語られるとき、「カムカム英語」以前に、真っ先に取り上げられる『日米会話手帳』である。科学教材社（現在の誠文堂新光社）社長の小川菊松は玉音放送を旅先の千葉で聞いた。「本当に腹の底からくやしく、涙が溢《あふ》れるのを禁じ得なかった」が、帰京の汽車の中でひらめいたのは日米会話に関する出版であったという。

急ぎ日本語の例文を七十九作って、東京大学の大学院生に三日間で英訳させる。とにかく、やることは早い。表紙に ANGLO-JAPANESE CONVERSATION MANUAL と併記された、四六半裁三十二ページの冊子である。内容は至って簡単で、いわば英語のハウツーである。

取次の日配では「定価一円で百万部買う」と言ったというが、五十銭でももうかると思っていた小川は、間を取って八十銭とし（「英語会話」テキスト第一号と同じ金額）三十万部印刷する。これが当たって、年末までに増刷に増刷を重ね、三百六十万部に達した。このベストセラーの記録は、三十六年後の昭和五十六年、『窓ぎわのトットちゃん』（講談社、二〇二一年現在八百万部超）が出るまで破られることがなかった。
しかし、この間にも用紙は暴騰した。それさえわかっていれば、本に使わずにストックして大もうけができたのに、と小川は後悔したという。

二食分の弁当持参で

三月八日（金）から十日（日）まで、平川の声はラジオから聞かれない。ようやく十一日（月）になって、次のように話しかけている。

毎日、朝から、お弁当を桃太郎さんほど持って、放送局に現れては、晩までかかって、皆さんの英語遊びの用意をしたり、おいしい、おっぱいの味付けをするのが、楽しみで楽しみで、首を振り振り、「ハテナ、こいつは少し辛《から》いかな、イヤ、お砂糖をもうちょっぴり……オット、これは少し熱過ぎるかな」といった調子で、時間のたつのも忘れているといった具合……、放送が済んで家へ帰ると、今度は、もう四月分の皆さんのテキストという、新しいおもちゃの製造にかかる……。これがまた、毎晩二時三時というありさまで、皆さんのニコニコ顔を思い浮かべながら、ついうかうかと、浮かれ過ぎていたもんですから、この間からヌーッと風邪の神様に、にらまれてしまったんです。それでも、COME COMEの和尚さんは、なかなか負けてはいませんよ。ヌーッと、また、風邪の神様をにらみ返してやりました。それで、風邪の神様と、この三日ばかり、にらめっこしたんですが、とうとう風邪の神様も音《ね》を上げて、噴き出してしまったんです。そこで、この和尚さんも、今日は大威張りで、この通り張り切って、皆さんのニコニコ顔が、またラジオの前で拝見できるのが、うれしくって、うれしくって、たまらないんです。それに、皆さんからいただくお手紙には、いつもあんなに真心込めて、優しく、体のことまで心配してくださるんですから、もうこれからは、絶対に大丈夫です。ごめんなさいね。

ＮＨＫの「英語会話」はほとんどの場合、生放送であった。録音は、再放送が行われた時期を除き、特別な事情があるときに限られていた。技術的にも労力的にも負担の大きい録音を採用する必然性は一般の番組にはなく、出演者が放送に合わせて犠牲を払わなくてはならなかった。

平川は朝七時半ごろ世田谷の自宅を出て、放送会館に入り、五階のＣＣＤ（＝Civil Censorship Detachment, 民間検閲支隊）の一角に用意してもらった机に向かって、その日の放送の内容を練り上げ、二階の第十二スタジオに下り、リハーサルを繰り返して本番に臨むという毎日であった。時折、聴取者からの贈り物を守衛所におすそ分けすることがあったが、「平川先生にはお礼を言う機会がない」と言われていた。早朝から放送終了まで長時間局内にはいても、顔を合わせることがまれな日課であった。

「桃太郎さんほど」の弁当とは、昼と夕の二食持っていったことを指している。妻が精いっぱい用意したものであるが、もちろん平川家が特別に恵まれていたわけではない。頼りは配給であり、量の足りない分は豆やイモ、カボチャなどで補い、とにかく空腹が満たされればよいという状態

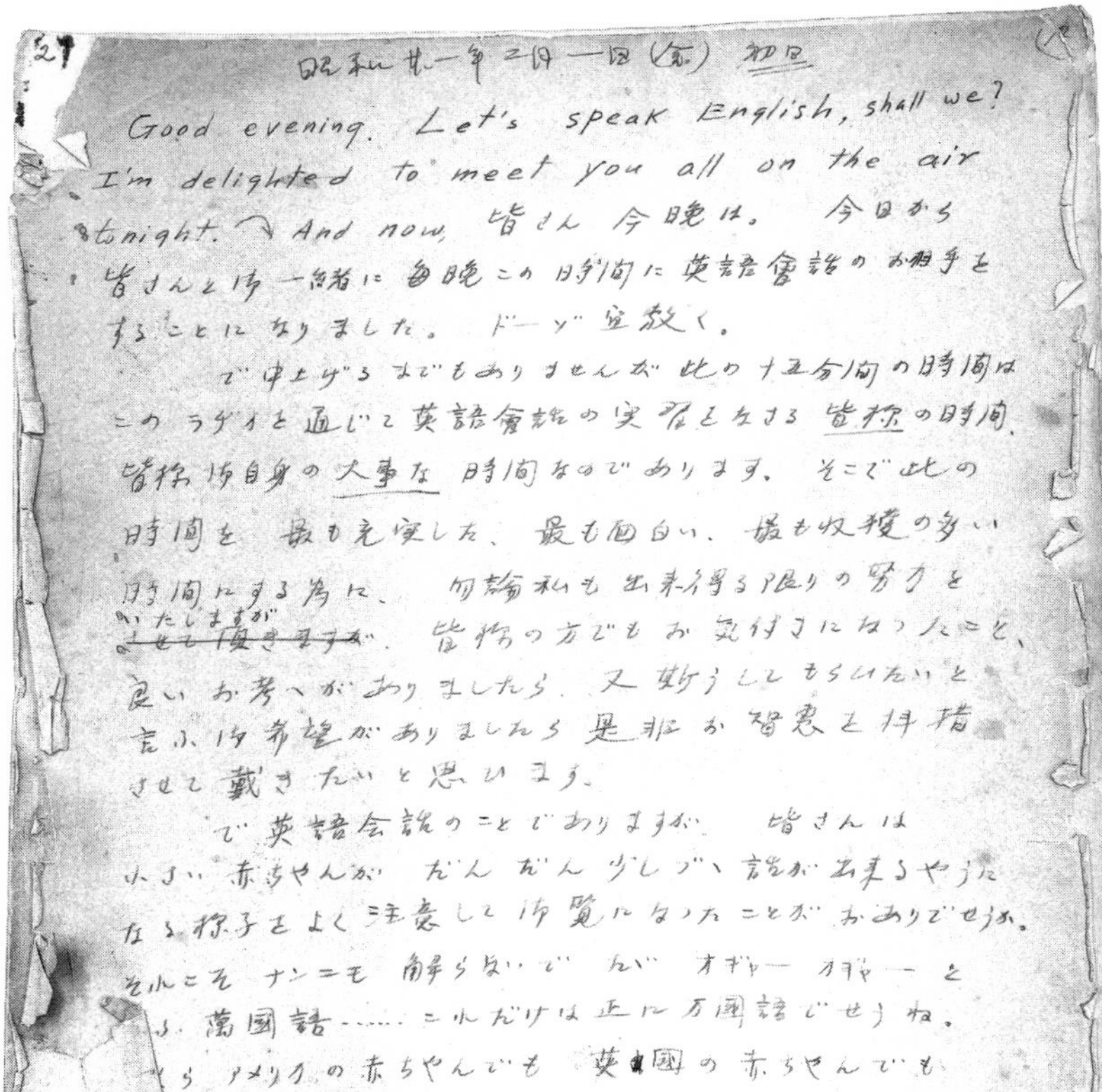

昭和廿一年二月一日(金) 初回

Good evening. Let's speak English, shall we?
I'm delighted to meet you all on the air
tonight. And now, 皆さん今晩は。 今日から
皆さんと御一緒に毎晩この時間に英語会話のお相手を
することになりました。 ドーゾ宜敷く。
で申上げるまでもありませんが此の十五分間の時間は
このラヂオを通じて英語会話の実習をなさる皆様の時間、
皆様御自身の大事な時間なのであります。 そこで此の
時間を最も充実した、最も面白い、最も収穫の多い
時間にする為に、 勿論私も出来得る限りの努力を
いたしますが、 皆様の方でもお気付きになったこと、
良いお考へがありましたら、又斯うしてもらいたいと
言ふ御希望がありましたら是非お智恵を拝借
させて戴きたいと思ひます。
で英語会話のことでありますが、 皆さんは
小さい赤ちゃんがだんだん少しづゝ話が出来るやうに
なる様子をよく注意して御覧になったことがおありでせうか。
それこそナンニも解らないでたゞオギャー オギャーと
…萬国語……これだけは正に万国語でせうね。
…ら アメリカの赤ちゃんでも 英国の赤ちゃんでも
…か それを英語に翻訳して I want some milk
なんて泣くわけではありませんからね……この様に
オギャー オギャーと泣いてゐた赤ちゃんが二三年も
する中に段々と いつの間にやら言葉を覚えて
片言交りの話が出来るやうになる。 而かもその言葉を
覚える段階と言ひますが、その様子を見てみますと

昭和21年2月1日初回放送の原稿（全文はp.10参照）

であった。二食分の弁当の中身が同じことも少なくなかった。時には、小学生であった長男の壽《す》美雄《みお》が下校後、電車に乗って父の仕事場へ夕食を届けることもあった。夕食は放送の終了後が充てられたが、帰宅を急ぐときには食べずに持ち帰った。

放送を終えて帰宅すると、すぐに先々のテキストの原稿作成に取り掛かった。初めのうちは不慣れなために時間を要したのであろう。深夜に及ぶ毎日であった。放送の準備期間を経て、開始からこのころまでに、休みは一日しかない。とうとう風邪をひいて寝込んでしまった。

代役を買って出たのは、平川のかつての部下、五十嵐新次郎である。後に早稲田大学教授に就き、テレビの「百万人の英語」などに出演し、明治期の英語教師を模したヒゲと羽織・袴《はかま》のいでたちで知られたタレント教授の走りであるが、このころはまだNHK渉外部の職員である。この年一月と二月の木曜日には、第二放送の「学生の時間」で「英語よもやま話」を、三月には中学生向けに「やさしい英語」八回を担当して放送している。

五十嵐は、平川のような海外での体験はない。しかし、文部省が英国から招聘《しょうへい》した英語教育顧問H・E・パーマー家に住み込んで書生をしていたことがあり、美しいキングズ・イングリッシュであったと、平川は評価している。この後も、幾度か平川の代役を務めることになるが、最初のころの放送の記憶として、平川よねは「平川の特徴をよくとらえた放送でした」という。

三月十日（日）、五十嵐によって、聴取者からの質問や投書で構成する「皆さまの時間」が放送されたかどうかは明らかでない。

実は四月十四日（日）にもたまたま放送が予定されていたが、平川に正確に伝えられておらず、この日一日、平川は自宅で原稿の作成に没頭してしまう。翌日、聴取者に盛んに謝っている。いつものように朝、来局しないことを不審に思いつつも、担当者から急ぎ連絡を取る手段がなく、ついに穴を開けてしまうという、当時ならではのハプニングである。

いずれにしても、五十嵐が代役を務めた三月の放送の後、日曜日の「英語会話」はなくなり、週六日の放送が定着する。

「英語会話」と電力事情

三月十四日（木）からは、衆議院議員選挙に関連して六時三十分からの放送枠が設定され、「英語会話」は十五分間繰り上がって六時十五分開始となった。選挙を終わった翌週の四月十五日（月）からは再び六時三十分に戻るが、五月一日からは六時四十五分より七時までの十五分間に再度変更になる。

当時は電力事情が悪く、しばしば停電によってラジオの受信が中断した。この年の暮れごろからは本格的に民需用の生産が再開されるに及んで、家庭の停電はますますひどくなった。停電によって放送が聞かれなかったという聴取者からの手紙も多く、放送でもその辺の事情に触れた話題が多い。

三月十六日（土）には、こんなことを述べている。

皆さん、ラジオの前に、にぎやかにお集まりですね。今日は一週間の総ざらいなので、全国何十万、何百万の、英語のかわいい赤ちゃんが、皆さんと仲よく、同じように、ラジオの前で、胸を躍らせながら、今か今かと待っていらっしゃるのが、はっきりと見えますよ。この土曜日のおっぱいには、英語のおいしいヴィタミンが、どっさり入っているんですから、思う存分飲んで、早く、早く大きくなってくださいね。

おやおや、おっぱいが欲しくて、ラジオに耳をすり付けて聴いている赤ちゃんがいますね。これは何とかしてあげないと、あんまりかわいそうです。お母さん赤ちゃんには、この気持ちが十分わかっていただけると思うんですが、もう一度、全国の赤ちゃんになり代わって、お願いします。お台所の電熱器を、十五分だけ休ませていただければ、一つの電熱器だけでも、二十人も三十人もの英語の赤ちゃんが、大喜びです。そのニコニコ顔だけでも、日本中が、きっと明るくなりますよ。ありがとう。ありがとう。本当にありがとう。

燃料不足の折、都市では多くの家庭で電熱器を使った。電灯線の老朽化や送電過程での故障もあったが、電熱器の一斉使用は停電の大きな原因であった。変圧器が少ないために、送電線が過熱で焼き切れるのである。住宅難で、一軒の家に何世帯も住んでいたことにも原因がある。せめて「英語会話」の十五分間を、停電から救ってほしいという、熱心な受講者に代わっての講師の呼び掛けであった。

しかし、問題は電力の絶対量の不足にある。商工省調査によれば、終戦時の一日平均発電量は三千万キロワットで、一年後には二倍以上に増えるが、それでも戦前に及ばず、需要量の十八億キロワットは到底満たし得なかった。二十一年の暮れからは、午前七時から午後七時までの十二時間が停電というすさまじい事態も珍しくなかった。

「付録」の登場

三月十八日（月）からの放送用テキスト第三号の最後のページには、新たに「カム・カム・エヴリバディ」の二番が掲載されている。十四日（木）以来、冒頭で平川自身が同じ「証城寺の狸囃子」のメロディで歌っている。この歌に関して、二十二日（金）朝七時のニュースの時間にお知らせが伝えられる。

これによれば、「カム・カム・エヴリバディ」の合唱への参加者を募集し、レコードにして番組に使用するというものであった。資格は国民学校四年生以上の男女と、そのほかの女性となっている。二十四日（日）午後一時に放送会館の内玄関に集まった先着百人の中から、声や発音を聞いて選抜する予定だったが、都内・近郊からやってきたカムカム・ベイビーたちは予想をはるかに超え、午前の早い時間に審査対象の枠を突破した。関係者はあらためて反響の大きさに目を見張った。録音の模様はニュース映画にもなり、間もなく紹介された。

当初から講師に、ラジオの前の〝赤ちゃん〟といかに一体化していくかという配慮が見られることは既に紹介したが、その方針に沿って新しい工夫が加わる。三月二十九日（金）に初めて登場する「問題」である。「問題」とはいえ、これは試験ではなく、「このお遊びの付録の考え物」であると断っている。内容は簡単なヒアリングであるが、やがて「付録」の名称で定着する。「付録」は形を変えながら、民放の最後のころまで続く。第一回のこの日は、次の文を三回繰り返している。

I am going to see if I can find a beautiful doll somewhere. Do you want to come with me in my jeep?

聞き取ることができたら、その意味を日本語で書き、皆さんのお便りと一緒に送ってほしい、と言っている。また、返事が欲しい場合は返信用の葉書を同封するようにとも言い添えている。聴取者との親密なコミュニケーションを想定しているのである。実際に、応募の回答は採点して、本人に送付している。

しかし、殺到する回答の前に「一日に何百、何千というお返事は、とても書けそうにありません」と、すぐにうれしい悲鳴が上がる。それでも「皆さんの成長の度合いを見るために」ぜひ送ってほしいと依頼している。

このときの応募者の一人から、四月四日付で届いた手紙がある。

〈平川先生、お返事有り難うございます。僕は百点のつもりで居りましたが、九十五点とは残念です。僕の父は印度に数年間居て英語も相当なものですが、六時十五分になるとテキストを取り合ひします。近頃は父の英字新聞や進駐軍向けの放送を聞いて居ると、所々分かるのは嬉しいですね。これも先生のおかげです。これは大人に言ふと叱られるかも知れませんが、日曜日の宝籤《たからくじ》を選挙放送に取られるとは……。でも選挙が済めば又続けて下さい。平川先生、又問題を出して下さい。今度はきっと百点を取って見せますよ。

又お手紙をさしあげます。さよなら。

先生の子供の一人　河村準造

世界一の子宝長者　平川唯一先生〉

放送開始からわずか二か月にして、確実に成果は広がっている。「日曜日の宝籤」とは、平川が「皆さまの時間」と呼んだものである。放送が確認できるのは三回にすぎないが、日々の放送や総ざらいとはまた異なる意味で、心待ちにされていたものであろう。〝世界一の子宝長者〟平川唯一とカムカム・ベイビーたちのきずなも強く結ばれている。

宝くじの原形である富くじは、既に江戸時代に流行しているが、このころでは二十年七月十五日に政府が戦費調達の一環で発売した「勝札」がある。一枚十円、一等賞金は十万円であったが、敗戦によって抽選は行われなかった。戦後になって初めて売り出されるのは十月二十九日である。一等はやはり十万円、外れ券四枚四十円分で、タバコの金鵄《きんし》一箱と交換できた。その後、インフレによって最高賞金も高騰し、二十二年五月には二十万円に、十二月には百万円になった。副賞の自転車や開襟シャツも世相を物語っている。

宝くじが庶民の夢を代弁するものであることは今も昔も変わりないが、かつては一層真実味があったようである。聴取者の投書を、ガラガラポンの抽選のやり方で紹介した「皆さまの時間」が人気を高めたのも自然な成り行きであった。

エープリル・フール

二十一年四月一日（月）「英語の赤ちゃんとして生まれてから、ちょうど一か月目のお誕生日」のこの日、エープリル・フールを紹介している。

今日は四月一日、April the first ですね。この April the first は、どんな日か、皆さん、ご存じですか。ご存じなかったら、今、ラジオの前にいる英語の赤ちゃんにだけ、ソーッと内緒で話してあげましょうね。この日は、アメリカでは April Fool's Day と言ってね、ウソを言ってもよい日になっているんです。そこで、この日にだけは、お友達やおうちの人同士で、それは真面目な顔をして、大きな大ウソを言ってやるんです。すると、相手が本気になって、それを聞いてビックリするのを見ては、手を打って、四月のおバカさん、April fool と言って、大笑いをするんです。面白いでしょう。これが四月一日、April Fool's Day なんです。

〝ウソをついても許される日〟があることをベイビーたちが初めて知った日の二日後、四月三日（水）には、さらに驚くべきことが講師の口から明らかにされる。

Good evening, everybody. Good evening. How are you this evening? Happy as ever? That's good.

このごろは、外へ出ても、いよいよ春らしくなってきましたが、ラジオの前の英語の赤ちゃんにも、うれしい春が来て、美しい花がパッと咲くのも、もう間近いことでしょう。そこで今日は、皆さんに、ひとつ、春らしいお便りを申し上げましょう。

まだ寒かった二月の初めに、このお遊びを始めてから、急に何百万という赤ちゃんができて、世界一の子宝長者になった私にとって、今まで、たった一つ気掛かりだったのは、毎晩、こうして、ラジオの前に集まって、甘いおっぱいを待っていらっしゃる英語の赤ちゃん——私にとっては、命よりも大事な赤ちゃんと、たった三か月でお別れしなくてはならない、ということだったのです。

それは、つい二、三日前まで、そうすることに、決まっていたからなんです。ところが、皆さんの、優しい、けれども熱心なお声が、聞こえるところに聞こえ、響くところに響いたために、このお遊びは期限なしに続ける、ということに、今度決まったんです。これで、私も、せっかく産み落としたかわいい赤ちゃんを、今度こそ命を打ち込んで、お育てできることになったわけで、こんなうれしいことはありません。いつまでも、いつまでも、こうして皆さんのお宅へ伺って、毎晩、ご一緒に、英語遊びができるのだと思うと、私は幸福で、胸がいっぱいです。

皆さん、伸びましょうね。春の青空に向かって、グングン伸びていきましょう。


ラジオの前に一瞬衝撃が走り、安堵《あんど》が訪れる。この直後に届いた手紙は一段と多い。

〈……先日四月一日の日、先生の時間の時、矢張りお台所の仕事に追はれていた私に、妹が「平川先生は第四講を終えたら、もう放送をおやめになるのですって」といひますので、私はハッと電気に打たれたやうな気がして、思はず大きな声で「あら、どうして」と聞き返しますと、「どうしてだか、他のお仕事におたづさわりになるのでせうよ」と言ってから、「今日は四月一日ね」と言ってくすくす笑ひますので、やっとあゝApril foolで私をかついだのだわ、とわかった時はホッとしましたが、しばらくはその瞬間驚きとも悲しみともつかぬ打ちひしがれたやうな気持ちが消えませんでした。

あとで妹に「何であんな事言ったの」とおこってやりましたら、「あまり効果が大きかったので私も驚いたわ」と、その時の私の表情など話したりして大笑ひいたしました。

すると一日置いてきのふ三日に、時間のはじめに先生が「三か月でお別れしなければならなかったのでしたが、今度このまま何時迄も続けられることになりました」との朗報に、三日前の妹との事を思ひ出しまして何か感無量な気持ちに打たれました。妹も「良いことも悪いことも口に出したことは実現するといふ事をきいたから、もうこれからは悪い予想や悪い嘘《うそ》は一切口にしませんわ」としみじみ語りました。妹も私と共に先生のおっぱいをいただいてゐる赤ちゃんです。この頃母までがThank you.とかYesとかI can not.とか申します。

では平川先生、どうぞこんな消化不良の赤ちゃんでも一人前になるまでは、何時までも何時までも、この時間を続けてゐて下さいませ。

埼玉県北足立郡　奥山壽子〉

テキストの空白期間をおさらいに

四月十日、第二十二回衆議院議員選挙の投票が行われた。これは戦後初の総選挙であるとともに、男女平等の参政権、有権者年齢の満二十歳への引き下げなどの点で特筆される。十二日のラジオでは、この開票速報が頻繁に流されている。大選挙区連記制で行われた結果にもあずかるといわれるが、女性候補八十九人のうち三十九人が赤じゅうたんを踏むことになった。戦後の民主主義を象徴する画期的な出来事の一つである。マッカーサー元帥自身非常に驚き、またこれを歓迎し、女性議員全員を総司令部に招待した。が、次回の総選挙は中選挙区単位制に変わり、このときは十五人に激減した。

選挙のあった翌週からは、また六時三十分の放送開始に戻った。しかし、冬季の同じ時間とは異なり、これでもまだ「多くの人には少し早い」らしく、聴取者からの時間帯変更の要望が寄せられている。「皆さんの心からの声が、強く、大きく響いてくるに従って、それが響くところに十分響きさえすれば、きっと近いうちに、皆さんの正しいご希望に沿うような行き方が、必ず実現すると思っています」と、平川は放送で答えている。そして、わずか十五分の繰り下げとはいえ、それは前記したように五月から実現する。「英語会話」がたちまち聴取者という大きな力を得て、歩み始めている様子がうかがえる。

それにしても、テキストの出来上がりは思うようにならない。入手できなかったので何とかしてほしいという手紙も、殺到する。郵便事情の悪さも手伝ってか、だいぶ以前に直接注文を受けたはずが、四月二十四日の時点で「ひどいところでは、二月のテキストが今ごろ着いているというありさまなので、これでは、せっかく張り切って、英語遊びの仲間入りをしていらっしゃる全国の赤ちゃんが、栄養失調になるかもしれないので、とても心配なんです」と言っている。ついに五月は、それまでのおさらいをすることに決意する。

五月十一日（土）には、さらにテキストについて新しい提案を行う。

テキストが、思うように手に入らないで困っていらっしゃる、たくさんの仲良し赤ちゃんのために、何とか良い方法をと思いまして、いよいよ今度から、新しい方法で、テキストを配布することにいたしました。それは、まず、テキストのご注文を、最寄りの学校（中学校でも、国民学校でもかまいません）あるいは会社、団体などにお願いして、集めていただいて、その集まった注文を、五十部、百部、あるいは五百部とまとめて、こちらへ注文していただくことにいたします。こうすれば、一人一人にお送りしているよりも、ずっと早く、確実に、皆さんのお手に入りますし、本屋さんも新聞販売店もない、地方の方でも、必ずテキストが手に入ると思います。

ご注文に対しては、こちらの印刷が出来次第、個人のご注文よりも先に、一番早くお送りすることにいたします。そうすれば、どんな遠方の方でも、必ず間に合うよう、お手元に届くと思います。そこで、この新しい方法の準備や、印刷や発送の方の準備を、完全に備えるために、この次の第六号のテキストは、もう一か月遅らせて、七月の一日から使うことになりました。

テキストが遅れ、五月、六月がおさらいに充てられたことは、聴取者にとって幸運であった。それまでに、停電や個人の事情で聴き逃してしまったので「もう一度、放送してください」という要望はあっても、復習に対するクレームの手紙は見当たらない。この二か月間に、「Taro and Father（太郎と父）」に始まり、第十話の Easter（復活祭）まで進行する。

「皆さまの時間」はなくなっているが、聴取者の投稿や手紙は、随時紹介している。六月十日（月）には次のようにある。

最近、皆さんからいただくお便りを見ていますと、それぞれ、ご自分の貴い体験から生まれた、楽しい、心強いお話ばかりで、伸びてゆく皆さんの姿が、本当に幸福そのもののように、目に映ってまいります。例えば、今日、西ノ宮の菅沼さんからまいりましたお便りには、こんなことが書いてあります。

〈テキストの第五号までは丸暗記してゐますから、今度はそれを完全に消化したいと思って、丁度あの頃はお食事の時間ですが、御飯は丸呑みにしても「カムカム英語」だけは一生懸命かんでゐます。習った言葉はドンドン応用なさいとおっしゃるので、家でも会社でも、人に笑はれても覚悟の上で使ってゐます。斯《こ》うして毎日ワイワイ英語でやってゐるので、みんなも熱心に啓発されたのか、会社でも英語研究会が出来ました。最近英語が猛烈に好きになってしまったので、毎日一時間早く出勤して勉強してゐます。此頃ではテキストにあった言葉なら一度で判る様になりました。うれしくてうれしくてなりません。たった半年前迄はエイゴのエの字も知らなかった私。付録が一度で判った時などは、小学校で賞状を貰った時も、これ程うれしくはなかった様に思はれます〉

と、こんなことが書いてありました。素晴らしいですね。英語を心から楽しんで、赤ちゃんになり切ってやれば、どなたでも、この喜びを体験することができるんですよ。

週五日の放送固まる

この間にも、「英語会話」は「カムカム英語」として全国に広く深く波及している。その勢いはさまざまな形で現れる。

点字のテキストについては先に述べたが、六月中旬には第一号から第五号が合本の『英語会話』として、講談社から六円五十銭で発売されている。また、ゲストで出演したキャンベル中尉とのスキットや、LやRなど英語独特の発音を四枚のレコードに収めて、定価十二円で発売された。入手するのは楽器店であるが、楽器店になければ訳を話して、音盤配給協会経由で取り寄せてもらうようにと知らせている。

「カム・エヴリボディ」(当初の題名)の楽譜も、ヒカリ音楽出版社から二円五十銭で売り出される。発行は九月以後になるが、第一月刊社から第五号までの内容が絵本として製作される。タイトルは『カムカム・エヴリボディ』で、それぞれ十二ページのカラー印刷である。表紙は、大澤昌助、柿原輝行、松井米雄、三田康、小谷野半二、井口文秀らが描き、挿画として西原比呂志、三河義太郎、伊藤文乙、木川秀雄らが参加している。

テキスト第六号が完成するのは、六月十四日(金)のことである。

第六号には四週分の対話が収録されており、定価は一円三十銭となっている。第一号がやはり四週分で八十銭であったことを考えると、ここにもインフレが反映しており、特に用紙の急騰が影響していることがうかがえる。ちなみに、第九号の定価は二円、十一号が三円、十三号が四円、十五号五円、十九号八円、二十一号十円となり、さらに二十三号十三円、二十六号十八円、二十九号二十円、昭和二十四年四月発行の三十四号が二十五円となって、二十五年十二月発行の最後のＮＨＫ放送テキストまで続く。郵便料（当初は郵税と言っている）は第一号が十銭であったが、最後は六円と、テキストの定価の値上がり率をはるかに上回る数字になっている。テキストをできるだけ安くし、多くの受講者に利用してもらうのが、平川の変わらぬ願いであった。

第六号第一週のテーマが Boy's Festival（端午の節句）であって、七月一日（月）の放送では、この二か月遅れについて弁明している。

七月二十日の土曜日からは「ラジオの夏季学校の催しで、この時間をそちらの方に差し上げなければならなくなり」、総ざらいを金曜日に繰り上げて行っている。夏季学校が終われば土曜日の「英語会話」も復活するはずであったと思われ、テキストにも翌二十二年三月放送分の第十三号まで、全体のスキットに土曜日の表示があるが、復活した形跡はない。以後、月曜日から金曜日までの週五日放送が定まるのである。

金曜日が総ざらいに充てられることになった最初の日（七月十九日）、ゲストは既に受講者にはおなじみとなったキャンベル中尉である。

こうしてまた皆さんにお目にかかることができて、私は非常にうれしく思っています。特に、皆さんからいただいた実にたくさんのお手紙に対しては、心から厚くお礼を申し上げます。最初ポツリポツリお手紙をいただくようになったころは、一生懸命タイプライターでお返事を書いていましたが、だんだんと驚くほどたくさんのお手紙をいただくようになりまして、もうとても、どんなことをしても、お返事が追い付かなくなってしまいました。しかし、皆さんからいただいたお手紙とその温かいお心に対しては、深く感激しております。厚くお礼を申し上げると同時に、いかに多くの皆さんが、あれだけ立派な英語をお書きになるかということを知って、非常に驚いております。どうぞしっかりやってください。

私は、近いうちにアメリカへ帰ることになっていますので、この時間で平川氏とご一緒に皆さんにお目にかかるのも、これが最後だと思うと、何だか寂しい気がします。しかし、向こうへ帰っても、ときどき皆さんのことを思い出して、きっと楽しい思い出に浸れることと思います。

このころ、平川唯一と「英語会話」は進駐軍内部にも広く知られるようになっている。進駐軍向けの新聞『スターズ・アンド・ストライプス』(星条旗)の二十一年七月二十一日付で大きく取り上げられ、また『ニューヨーク・タイムズ』にも掲載されたことをラジオで報告している。また、英語を媒介として一般人と進駐軍兵士との間にも、「ギブ・ミー・チョコレート」だけではない交流も芽生え始めている。

〈カムカムの先生様、まいど放送をきいて家の孫がよろこんで歌ったりしてゐました。先日家の前のドブにジープがおちて、アメリカの兵隊さんが引き上げて手がよごれたので、家の井戸で手をお洗ひになりましたとき、孫が近所の子供たちとカムカムを歌ってあげましたら、兵隊さんは一緒にニコニコして踊ってお帰りになりました。今日又兵隊さんが孫をさがしに家に来られましたが、食料品の関係で孫は田舎にまゐり、残念さうにお帰りになりました。

子供の好きなアメリカの兵隊さん、ハナの赤い、白い髪の毛の、とても背のたかい兵隊さんです。先生からどうか英語で孫からのお礼を言っておいて下さい。　立川

六月十一日

カムカムの先生〉

平川が進駐軍と特別親しい関係にあるという過大な認識に基づき、「お礼を言ってほしい」という。それは、進駐軍に対する当時の日本国民の、偽らざる心情の一面を示している。

翌年のことになるが、「英語会話」が「日本国民にいかなる影響を与え、かつその成功した原因を調査」したGHQの内部レポートには、「数字的反応」として次のように記されている。「平川宛のファンレターは一日に約百通、一週間で六百通に及び、過去一年のファンレターは三万通を超している。これはおそらく、ほかの一般娯楽番組を含めても、日本の放送史上最高の記録であろう。ましてや、これは英会話の教育番組なのである。ファンレターのほかにも全国の聴取者より千個を超す贈り物が、毎日の放送のお礼のしるしとして送られてくる。それらは例えば、果物、薬、衣類、玩具、ワインなどである」

七月四日（木）、アメリカの独立祭に当たるこの日、その様子を紹介した後で、「私たちもこれから、世界中で一番平和な、一番幸福な日本を、力強く育てていくんですから、思っただけでもじっとしていられないような気がしますね」と述べている。

さらに、八月二十八日（水）には次のように話している。

毎晩この時間になると、全国の赤ちゃんは、まるでチョコレートでもいただいたときのように、大ニコニコですね。あ、そうそう、この間は、本当においしいチョコレートが配給になりましたね。アメリカの親切で、日本の子供たちへの、心からの贈り物でした。そこで、日本の良い子たちは、マッカーサーおじさんに、心からお礼を言おうというので、大きな花束を持って、司令部を訪問したというニュースが、写真と一緒に、今朝の新聞に出ていましたね。これは、本当に美しいことだと思うんです。誰に対しても、深いご恩を忘れないということは、私たち日本人の美しい特徴で、これを忘れると、まるで、歌を忘れた鶯《うぐいす》と同じことになってしまいますね。美しいものを見たとき、美しいものを聞いたとき、そして人のご恩に深く感激したときには、私たちは、もうどんなことでもできる勇気がわいてまいりますね。

聴取者からの励まし

八月一日（木）から七日（水）までの一週間、平川は三月に続いて風邪のために放送から離れる。代役はやはり五十嵐新次郎である。ＧＨＱのレポートにある贈り物の薬などは、このようなときに聴取者から大量に送られてきた。平川自身、そうした熱心な聴取者に一層こたえなくてはならないと考える。

この間から一週間も、この大事なお遊びの時間をお休みして、皆さんに大変ご迷惑をお掛けしましたことを、何と言っておわびしようかと思っていました昨日、今日、思いがけなく全国の皆さんから、温かい、お心のこもったお見舞いのお言葉をいただきまして、私は今、申し上げる言葉がありません。何をもってしても買うことのできない、この温かいお心遣い、このお手紙の山に埋もれながら、おそらく、実際に血の通った親子の情も、これほどに細かいとは思われないくらい、深い感激に浸っております。この温かいお心に報いるために、何とかして、皆さんの英語遊びを、もっともっと面白い、もっともっと収穫の多いものにしたい。そのためには、どんな苦労も、どんな努力も、それ自身が私にとっては何よりの楽しみに思われてなりません。（八月九日）

九月十日（火）、十一日（水）も風邪で休んだ。申し訳なく思う気持ちが、一層無理をさせるのであろう。「もっと面白い、もっと収穫の多いものに」するための工夫の一つは、英語の新しい歌で登場する。「カム・カム・エヴリバディ」に続き、第七号のテキストの巻末には THE SPARROW SCHOOL（雀の学校）と A RABBIT AND A TORTOISE（兎と亀）の英語の歌詞が掲載され、放送の中でも随時歌われている。「カム・カム・エヴリバディ」と「兎と亀」は、翌二十二年一月にビクターからレコードになって出ている。

平川自身の口から「カムカム」の表現が出てくるのは、八月ごろからである。二十九日（木）には「カムカムの赤ちゃん」と聴取者を呼び、九月十六日（月）になって初めて「カムカム英語」の呼称が登場する。この年の稲作が喜ばしいことに豊作であることを告げ、それまでには幾度も田の草を取り、肥料をやったりして丹精があったことになぞらえ、「カムカム英語」にもきっと実り豊かな秋が来ますよ、と言っている。

九月十三日（金）は、本来であれば総ざらいに充てられるはずであったが、休講の関係で予定を変え、急きょ「宝くじの時間」になる。聴取者からの手紙は相変わらず多い。七か月余りの〝お遊び〟の効果も目に見えて上がっている。「付録」が完全にわかるようになりましたとか、映画「キュリー夫人」を見ていたら、短いセリフの中には、はっきり聞き取れる言葉がたくさんあったという報告がある。

また、講師と番組に対する感謝の言葉もある。

〈私は毎晩カムカムを聞いてゐますが、先生のお声を聞きますと、全く親しい方に久しぶりでお会ひした時よりも、もっともっと何とも言へない嬉しい気持ちで胸が一杯になります。一度も先生にお会ひしたことのない私が、何故こんな気分になるのか、私自身不思議です。又十五分位にあんなに充実した勉強は、未だ経験したことがありません。　札幌市・北山豪〉

〈僕は去年の十一月に苦しい苦しい思ひをして朝鮮から引き揚げて来た者です。牛の乗る屋根のない貨物車に乗って、線路の上に寝たり、汽車がトンネルの中に入ってすすだらけになったりして、やうやう内地へ幽霊のような顔をしてたどり着き、すっかり気がくさってしまひました。そして不平と愚痴の世界で暮らしてゐたのです。けれど或日のこと、お父さんが町へ行ってラジオを買ってきました。勿論目玉が三里も飛び出すような値段ですが。カムカムを聞いてゐるうちに、悲しいこと、辛《つら》い事がまるで霧が晴れるように消えて行ったのです。僕の家は一ぺんに極楽になってしまひました。本当にこれはニコニコ英語の、ニコニコ笑顔製造器独特の威力ですね。　岡山県・落合英二〉

3

民主主義の息吹

二つの出来事

二十一年十月四日（金）、総ざらいのこの日のゲストは、ＷＶＴＲのアナウンサーと紹介されたバーグレンである。彼は前週もゲストとして登場し、平川とは六か月前からの知り合いであると述べ、さらに「皆さんがミスター・ヒラカワを通して、アメリカの物の考え方とか、民主主義の本当の意味をよくおわかりになっていることを、大変うれしく思います」と言っている。

翌土曜日と日曜日は、「英語会話」はないが、この五日から放送はプッツリと消える。再び平川の声が聞かれるのは二十八日（月）である。その日は、次のような一声で始まっている。

Good evening, everybody. Good evening.

皆さん、お元気ですか。すがすがしい、今日の秋晴れのように、私たちの胸は今、張り切った幸福で、いっぱいですね。いつもおしゃべりのラジオが、風邪をひいて、声が出なくなってしまってから、もう三週間。本当に長い三週間でしたが、今日はまた久しぶりで、懐かしい皆さんのお宅を訪問することができて、やっと生き返ったような気がいたします。迷子になった赤ちゃんを、やっと捜し当てた、お母さんのうれしさは、その寂しさが大きかっただけに、大きな、大きな喜びだということが、今はっきりわかったような気がいたします。

「おしゃべりのラジオが、風邪をひいて」とは、ラジオ放送自体がなかったことを指している。

全日本新聞通信放送労働組合（新聞単一）は、読売新聞社と北海道新聞社の争議に圧力をかけることを目的にゼネストの方針を決め、ＮＨＫ従業員組合もこれに呼応したのである。五日午前七時十分、「ゼネストに入ります」のアナウンスを最後に、進駐軍向け放送を除いて、ラジオはついに沈黙するに至った。

政府は、放送の全国的停止が社会・人心に与える影響を憂慮し、国家管理放送の実施を決定し、直ちにＧＨＱの了承を取り付ける。国家管理放送はニュース、気象通報、それに公共の安寧に関する事項だけに限られ、娯楽番組などは一切停止された。「英語会話」も例外ではなかった。その放送は、初め逓信省職員が実施したが、間もなくＮＨＫの部課長の手で行うことになった。

この二月には、大原社会問題研究所所長で革新的経済学者として著名な高野岩三郎が、大橋八郎に代わって会長に就任していたが、皮肉にもそのお膝元で未曾有《みぞう》の事態が発生したのである。解決を見て放送が正常に戻るのは、二十日後の十月二十五日である。

放送ゼネストの始まる前に、テキスト第八号の内容は残り一週分であり、それが終わったら再び第六号の復習に入ることを予告しているが、放送再開後しばらくはその通りに進行する。

第九号が出来上がるのは十二月の半ば過ぎである。第十号も追いかけるようにして完成する。第九号の表紙には、マイクに向かって講義をする平川唯一が掲載されている。写真とはいえ、初めて聴取者の前に素顔を見せたのである。きちんと三つ揃《ぞろ》いの背広を着こなし、ネクタイを締め、細面に丸い眼鏡をかけて、にこやかに語りかける平川は、全国の〝赤ちゃん〟たちの目にどのように映ったであろうか。

実はこの第九号には、このほかにも「英語会話」にとっての大きな出来事がある。それまでの

ラジオテキスト「英語会話」第9号

日本放送出版協会に代わって、発行所が株式会社メトロ出版社になったことである。所在地は麹町区丸の内仲十二号館六号、発行兼印刷人は豊田則雄と表示されている。

発行所からのあいさつに「これからは弊社が全力を尽くして全国の皆様方の御期待にそひたいと存じております」と記している。メトロ出版社は既存のものでなく、「英語会話」テキストの発行のために新たに設立されたのである。用紙事情は相変わらず逼迫《ひっぱく》しているが、できる限り聴取者の要望に沿うために平川ら関係者が考え出した方法であった。それまでに比べて部数は大幅に増加したと推察され、平川自身も「これからは全国の書店に」配本されると述べている。

「英語会話」にも戦後の機運

十一月三日、日本国憲法が公布され、翌二十二年五月三日に施行になる。「英語会話」にも戦後の新しい機運が満ち満ちている。平川は新憲法に触れ、また次のような励ましのメッセージも送っている。

昨日は、新しい日本を打ち立てる土台となるべき、新憲法が発布されまして、日本はこれから先、永遠に平和な国家として進む道が、はっきりと定められたわけです。どんなときでも、ケンカはやめて、仲良しでいくのが、どれだけ幸福なことか、力強い、新しい文明を築き上げることにも役立っていくか――そのことを、真っ先にやって見せる機会が、私たちに与えられたわけですね。日本はここに、世界平和のチャンピオンとして、新しく名乗りを上げたわけです。私ども、カムカム赤ちゃんのニコニコの力が、ケンカの力よりも、どれだけ偉大な働きをするものかということを、隣の人々、そして世界の人々に示す日が、いよいよやってきたんです。やりましょう。皆さんの作ったニコニコの波が、世界を風靡《ふうび》するときが来たら、そのときこそ、この地上に天国が実現するときでしょう。

（十一月四日）

皆さんは、一生懸命英語をやっても、それを実際に役立てて、話す機会がないなんて考えるのは、今のところ、本当のようでも、それは案外、大きな思い違いかもしれませんね。今、話す機会がないのは、まだ今は、育っている最中だからでしょう。自由に、一人歩きができるようになったら、必ず機会は、向こうからやってきますよ。それには、皆さんの育ち方が、立派であれば立派なだけ、大きな機会が、思いがけぬところから、やってくるでしょう。せっかく、それが来たときに、待っていましたとばかり、つかまえるのも、逃がしてしまうのも、皆さんの今日の、今の努力によって決まることになるでしょう。そう思うと、今晩、今の十五分間も、いい加減にはやっていられない気がしますね。やりましょう。

（十一月二十日）

聴取者からは次のような投稿があったことが報告される。

〈此頃やっと歌へるようになった母が盛んにカムカムを歌ってゐます。ラヂオと一緒に得意になって歌ふ母をかこんで楽しい英語のお遊び。あのカムカムの歌が太平洋の海を渡って行くんですって。バンザーイ、何て嬉しいニュースでせう。かつて、アメリカと日本をつなぐ太平洋のブリッヂになり度《た》いと仰ったのは、今はなき新渡戸先生でしたが、それから時は流れ歴史は移りました。これからは世界が日本をじっと見つめてゐる事でせう。やがて全世界の心と心をしっかりと結ぶ友情の橋がかけられる日の為にニコニコ赤ちゃんは今張り切って居ります。何と言ふ大きな希望！　これこそ英語赤ちゃんの幸福そのものでございます。

大阪市・河合愛子（十一月二十一日）〉

〈此間体育大会がありましたので松山市まで出掛けました処、途中で背の高いアメリカの兵隊さんに、Can you speak English? と尋ねられました。此処ぞとばかりイエスと答へますと、ニコニコしながら色々なお話をなさいました。何か月か前までは話さうとしても闇夜の烏《からす》で何が何だかさっぱり解らなかったのに、今日の自分は何と素晴らしいではないかと思ってゐますと、学校でそんな立派な英語を習ったんですかと尋ねられ、ハテナ、これはテキストの中にあったぞと、No, I'm learning it. の処をそのまま答へますと、その方は平川先生を御存知の様子で、Mr. Hirakawa はワシントン州立大学をご卒業になったのだとおっしゃったのですが、それは私の聞き違ひだったでせうか。

愛媛県中川村・三好克子（十一月二十五日）〉

前者は去る十三日（水）の放送の中で「昨日、確かなところから聞いたお話によりますと、近いうちに、あのカムカムの歌が、海を渡って遠い南の国、あのシュークリームのような形をしたオーストラリアから、日本の状態を視察に来ていた方が、方々で聞くカムカムの歌、そして、ニコニコと幸福そうに英語を練習している風景を、非常に興味深く見聞きして、これをぜひオーストラリアの人々に、映画で紹介したいということなのだそうです」と述べたことに対する反響である。

後者を読み上げた後で平川は「素晴らしいじゃありませんか。しかも、これは誰の力でもない。みんなご自分で、一日一日と英語を生かして、育てておいでになった結果なのですから、ますます愉快ですね。ワシントン州立大学のことも、間違いなく正確に聞き取れているのを見ても、これはご自分で、グングン伸びていらっしゃるのがよくわかります。この調子で、さあ、今日も無邪気に、朗らかに出かけましょう」と、その日のレッスンに入っている。

十一月二十八日（木）には、感謝祭を紹介し、建国当時のアメリカと日本の現況とを対比している。


今日は十一月の最後の木曜日で、この日はアメリカでは、Thanksgiving Day すなわち感謝祭の日と決められています。それは、アメリカの最初の開拓者たちが英国から渡ってきて、今の私たちの生活より、もっともっと不足がちな、苦しい生活をしながらも、この新天地に初めて迎えた実りの秋の感謝を、心から神にささげたいというので、この十一月の最後の木曜日に、開拓村が総出になって、同じ心で、厚い感謝の祈りをささげてから、あり合わせのものをいろいろと工夫して、貧しいながらも、本当に楽しいごちそうを作って、お祝いしたのが始まりなのです。こうして、貧しい中にも、決して自分の努力を誇るのではなく、ただ感謝と希望を、生き生きと胸に抱いていた人たちが、今日のアメリカをつくり上げる立派な土台になったことを思うと、今新しく、輝かしい平和日本を打ち立てるために、努力しておいでになる皆さんのお気持ちと、よく似ているように思われるんです。この開拓者を持ったアメリカが、幸福であったように、同じ心の皆さんを持つ日本は、きっと幸福な、輝かしい将来を持っていることを信じています。やりましょう。今日の、今を、張り切って生かしていらっしゃる皆さんには、必ず生きがいのある明日が約束されているんですから。

初めてのクリスマス

十二月四日（水）から十三日（金）まで、平川は再び風邪で倒れ、このときも五十嵐新次郎が臨時で講師を務める。内容は引き続いて第七号の復習である。

十二月に入ると、盛んにクリスマスを話題に取り上げている。十七日（火）には珍しく、「お前たちは、この幼子のようにならなければ救われない」というキリストの言葉を引用している。全国の聴取者にとっては、自らの立場に照らして納得のいくものであったろう。

二十日（金）には、高知県伊野・長尾良博という八十歳の方が詠んだ「月々に、言葉の花の咲きいでて、冬枯れ知らぬ老いの楽しさ」を紹介している。

この日からは Silent Night（聖しこの夜）の練習に入っている。歌詞をゆっくりと読み上げた後、レコードをかけて聞かせ、さらに「下手ですが、私が歌いますから、皆さんも一緒について歌ってください」と呼び掛けている。クリスマスの知識を持つ人はいたとしても、この時期にクリスマスを祝う習慣は全くない。二十四日（火）はアメリカのクリスマスがどのようなものか伝え、翌二十五日（水）にはキリストについて語っている。多くの聴取者にとっては、未知の文化の香りをかぐ思いではなかったろうか。

「英語会話」が誕生し、めまぐるしい変化のあった昭和二十一年の放送は、十二月二十七日（金）の総ざらいをもって終了する。この日、平川は「無邪気なニコニコ赤ちゃんとして、新しい出発をしたこの昭和二十一年こそは、きっと私たちにとって、長く長く記念すべき、歴史の第一ページを飾ることになるでしょう」と述べている。

国民が見た英語の必要性

ここで、英語をめぐる終戦後の状況について見ておきたい。

敗戦から被占領という体験は、わが国民にとってかつてないことであった。二十年九月五日、総理の施政演説の中で敗戦の真相が明らかにされたが、それは全国民に大きな衝撃を与えた。それまで、一切の情報は遮断されてきたと言ってよい。

敗戦の事実を受け入れた心理は、人によってさまざまであろう。激しい憤りと屈辱を感じた者があり、安堵感から目の前が明るくなったと言う人もいる。どのように判断していいかわからず、魂が抜けたようだったと回顧する人も少なくない。

次に、これから日本はどうなるのか、どのように生きていけばいいのかという不安が人々を覆った。〝鬼畜米英〟が進駐してくるのである。特にアメリカ兵は残酷で貪欲《どんよく》な者と思われ、例外なく恐怖心を抱いていた。鹿児島県鹿屋では米軍上陸の報に市街地から人気《ひとけ》がなくなったというし、神奈川県ではいったん婦女子の強制疎開を指令したほどである。

しかし、その大方は杞憂《きゆう》に終わった（進駐後約一週間におけるアメリカ兵の犯罪は、婦女暴行九件、傷害三件、武器強奪四百八十七件、物品・金銭などの強奪四百十一件、家屋侵入五件など九百三十一件に上るという記録もあるが）。概して開放的な態度や民主的な諸政策、食糧の放出などを見て、憎悪と恐怖はたちまち親愛に変わっていった。連合国軍最高司令官マッカーサー元帥はその象徴として、日本国民の尊敬を集める神格的存在になっていったのである。

二十年から二十一年にかけての食糧不足は、一千万人規模の餓死者が出ても不思議はないと言われたほどであるが、これに対して進駐軍からさまざまな物資が放出された。二十一年一月二十六日、小麦粉（メリケン粉）一千トンがマニラから東京の港に到着し、ＧＨＱは「英語会話」の始まった月から輸入食糧の配給を開始した。二十一年四月末の放送でも、メリケン粉の放出に関連して配給が題材に取り上げられている（テキスト第五号）。

Father : What's the matter with mother? Isn't she home?（お母さんはどうした。いないのか）
Mariko : No. She has gone to get the ration.（ええ、配給物を取りにいってらっしゃるの）
Father : Where?（どこへ）
Mariko : Down at the grocery store.（下の食料雑貨店なの）
Father : What is it? Dried herrings again?（何だ、干しニシンか、また）
Mariko : No. It's white bread, I think.（違うわよ。白いパンらしいんですの）
Father : What! White bread, did you say?（何、白いパンだって）

Mariko : Yes. It's made of the flour that came from the General Headquarters, I hear.（そう。マッカーサー司令部から来た粉で作ったんですって）
Father : That's a good news, Mariko.（それは素晴らしいニュースだね）
Mariko : It is, isn't it?（ほんとですわねえ）
Father : I wonder where the flour came from.（その粉はどこから来たのかな）
Mariko : From the Philippines, I think.（フィリピンからだと思ったわ）
Father : How do you know?（よく知っているねえ）
Mariko : I've read it in the paper.（だって新聞にそう書いてあったんですもの）
Father : Well, the paper does tell the truth now-a-days, doesn't it?（ウーン、新聞もこのごろは本当のことを言うようになったね）

一方、極端な変わり身の早さを指して、日本人のもともとの主体性のなさに由来すると指摘する向きもある。

先に紹介した『日米会話手帳』もそうした事例の一つに取り上げられることがある。同書は最も早い時期の出版であったが、続いてさまざまな英会話本や学習教材が登場している。

三木鶏郎は、東京駅のホームで〝日米会話機〟なるものが街頭売りされていたと回顧している。「それは一枚の紙でできていて、その紙を左右から覗き込むと、最小限の日米会話が、日本語と英語に分けて印刷してあり、もし米軍兵士がきたら、この紙を差し出し、日本語で言いたいことを番号を探し、それに相当する番号の英語を指示すれば、口をきかなくとも、英語を知らなくともすむ。しかも印刷は、左右どちらに対しても正面を向いているから、普通の会話書のようにいちいち紙を相手のほうに向ける手間が省ける」(『冗談音楽スケルツォ』)

巷《ちまた》に失業者のあふれていた当時、英語は強い武器でもあった。新聞の求人広告にも、進駐軍要員として「英語堪能《たんのう》なる者」を必須の条件に加えている。動機は異なっても、英語が話せるようになりたいという気持ちは、国民の中に広範にあったのである。

二十年九月二十三日付『読売報知新聞』の投書欄に、「学徒と英会話」と題して次のような文章が掲載されている。一高校生の寄せたものであるが、そのころの一面を物語っている。

〈われわれの生活に今日ほど英会話が必要になった時代はない。一歩戸外に出れば一人一人が外交官として米人に接触せねばならない。内に外にあらゆる接触の機会において学徒の英語力が極力利用されて然るべきであろう。

しかしながら由来英語が学校教育において、相当重要視されておりながら大学を出た人でさえ満足に話せない実情である。話すということが語学の最も初歩であり、会話がその一大重要部門でありながら、今日会話を十分に課している学校はほとんどない。中学、高校、大学と、大辞典でも相手の難しい小説や論文ばかりを対象としてやっている。これでは話せないはずだと思う。

われわれの生活における英語の重要性ということはその必要部門を変えた。われわれは単に原書を読むばかりでなく十分に話せねばならない。やがてわが国の英語教育も漸次改良せられるであろうが、まずこの二、三か月を英会話習得に力を注いではどうであろう。文部省当局はもちろん学校当局も指示を待つまでもなく進んでやっていただきたい。

必要度は加速度的に増大しているのだ。今日の英会話は明日の英会話に数段まさるのだ。「より早くより早く」切望する。われわれは小さな通訳として日米両国の摩擦を少なくするように心がけたい。今までの英語教育に対して深き反省をする時だと思う〉

教科書とラジオ番組

ところで、この投書に触れられている学校の英語教育はどのようなものであったのか。

昭和二十三年に登場し、翌年には全国の八割以上の新制中学校で採用された文部省検定英語教科書 *JACK AND BETTY* の著者の一人である稲村松雄によれば、既に大正から昭和の初期にかけて文部省検定小学校用英語教科書があったという。そして、相当数の高等小学校が英語科を設け、教科書のみならず、練習帳（いわゆるワークブック）などの副教材を用いていたと記している（『昭和英語教育史』）。

十五年には、第十二回オリンピックが東京で開催される予定もあって、主流であった「読んで訳す」学習に加えて、「聞いて話す」学習も台頭していた。結局、東京大会は中止になり、その年、五種選定と称する英語学習分野ごとの教科書の絞り込みが行われる。

そして、十六年十二月八日の日米開戦によって、英語は敵国の言語になった。日常使用されていた少なくない英語をなるべく日本語に言い換え、国民の英米に対する親近感を抑え、敵対心をかき立てようとした政府の方針はよく知られている。

しかし、その理由から戦時中の英語教育がすべて禁止されたという認識は正しくない。英語教育廃止論や不要論が跋扈《ばっこ》する中でも、英語教育は広く根強く行われていた。

これに対して終戦直後は、英語の需要が急速に高まるにもかかわらず、しばらくは人材（英語教師）と適切な教材の不足する時代が続く。文部省の通達に従い、「詔書の精神から見て不適当な部分」は墨で塗りつぶして使用するか、ガリ版刷りの自主教材によるかであった。人材については、もともと英語の専門教師が少ないところへ、学制改革によって新制高校への教師の異動が行われたので、最初の学習機会である中学校はまさしく英語教育の真空地帯になってしまった。

戦後最初の英語の中学校用国定教科書は *Let's Learn English* であるが、専門家によれば教科書としての品質は高くない。

このような状況の下で、ラジオの英語教育番組に対する期待は小さくなかった。

英語講座そのものは太平洋戦争中の四年間を除き、東京放送局の開局直後から設けられていた。テキストも発行されている。

戦後は、二十年九月十八日に、杉山ハリス・西内正丸放送員の「実用英語会話」がスタートする。十月の一か月間だけであるが、J・A・サージェントの「英語会話」も放送されている。平川唯一の「英語会話」は、実質的にこの二つを受けて始まったと見て大過ないであろう。なお、二十年度には前述の五十嵐新次郎による「英語よもやま話」「やさしい英語」もある。

現在も同名が続く「基礎英語講座」は、二十年十一月から二十一年三月までが堀英四郎、四月一日から小川芳男が講師を務めている。二十一年度には、中学校向けの番組として、新野寛の

「新らしい英語」も生まれている。

カムカム・ロッパ

明けて昭和二十二年、平川は多忙な年始を迎える。放送のかたわら、有楽座のロッパ（古川緑波）一座初春公演に特別出演で招かれ、二日から二十六日まで毎日二回ずつ勤めたのである。

ロッパといえば、当時はエノケン（榎本健一）をしのぐエンターテイナーである。平川は前年の九月三日から五日まで、「有楽座コドモ会」に出演し、第一部のうち「童話とカムカムの踊り」の部分に名を連ねている。「童謡と合唱」には川田正子、大道真弓、東京放送児童合唱団も見える。このような有楽座との縁があって、ロッパとの共演が実現したものであろう。

『古川ロッパ昭和日記』（晶文社）という膨大な著作があるが、これにそのころの様子が描かれている。古川は終始気乗りがしないらしいが、「平川カムカム小父さんは、大乗り気で、何でもやると言ふ」「カムカム小父さんの勧進帳は、い丶塩梅にGHQの検閲でカットになったと思ったのに、何と自分で検閲にのり込んで、OKとって来たとハリキってゐる」などとある。

「勧進帳」こそなかった模様であるが、平川とロッパの合作・演出で、「英語の時間」「子供の世界」「希望音楽会」など八景が展開する。作詞でサトウハチロー、ピアノ演奏で和田肇も参加している。「カムカム・ロッパ」のタイトルからもわかるように、総じて「カムカム」の印象が勝っているのは、それだけ一般になじみができていたということであろう。

放送開始一周年

二十二年二月一日で「英語会話」は一周年を迎えるが、翌々日の放送では一年間がんばってきたカムカム赤ちゃんをたたえ、さらに継続することを励まし、動機付けしている。

去年の二月に、初めて、このカムカムの歌が聞こえ出してから、楽しい一年が、もう夢のように流れてしまいました。あの最初の日から、毎日張り切って、このお遊びを十分に楽しんでおいでになった、赤ちゃんにとって、今日は、うれしいお誕生日といったところですね。どんな小さい努力でも、それを心から楽しみながら、一年の間、続けておいでになったその結果は、決して小さいものではないことを、皆さんは、大きな喜びの中に経験なさったことと思います。おめでとう。今日で、いよいよ満一歳になった、全国のカムカム赤ちゃん、万歳！　本当に続けてよかったですね。去年の今日を思い出してみますと、まるで信じられないほどの、皆さんの成長ぶりは、皆さんからいただくお便りで、十分うかがうことができるんです。こうして、丸々と太った、見るからに幸福そうなニコニコ赤ちゃんが、世界の舞台に楽しい大きな役割を務める日が、もう目に見えるでしょうか。晴れ晴れとした青空に、すくすくと伸びてゆくことは、それだけで、本当に幸福ですね。

（二十二年二月三日）

それまでも、人気の高かった総ざらいの日に、外国人ゲストに対して「英語でお手紙を書いてみませんか。おできになりましたら、私が取り次いで差し上げましょう」と聴取者に勧めているが、手紙を書くことを特に重視するのは、二月四日（火）の話にあるような、何らかのきっかけがあったものと思われる。

皆さんは、今朝の新聞をご覧になりましたか。アメリカの、暖かいフロリダ州にある、ブシュネルという町から、日本の良い子に、初めてのお便りがあったんですってね。それは、まだ十歳くらいのベティ・アン・ベヴィルさんという、かわいいアメリカのお嬢さんからのお手紙で、それには、「私は、東京について、いろいろ知りたいのです。私は、あなたのお国が大好きです。どうか、私の手紙に、返事をください」ということが書いてあったそうです。言葉は簡単ですが、何という純真な、そして友情に満ちたお便りでしょう。しかも、これはきっと、ベティさんお一人の気持ちではなくって、アメリカには、こうしたベティさんが、方々にたくさんいるに違いないと思うんです。私たちの方から、お願いしない先に、向こうからお友達になりたいと、優しい手を差し延べていらっしゃる様子を思いますと、私たちも、早く英語で、自由にお手紙を書いたり、会ってお話ができるようになったら、どんな深い、楽しい友情で結ばれる日が来るであろうかと、晴れ渡った胸が、高鳴る思いがいたしますね。やりましょう。この美しい友情の世界は、もう私たちの目の前に展開しようとしているんですよ。

手紙を書くことが英語の上達に直結するばかりでなく、いずれ、大きな意味を持つことを想定しているのである。テキストの第十一号には、「英語会話」にはやや異質ながら、手紙の書き方を学ぶA Letter to Saburo（三郎君への手紙）がテーマに取り上げられている。

一年間「英語会話」に親しんだ成果はそこここに見られるようである。学校英語との違いも、おのずと明らかになってくる。

〈万事不足勝ちな世の中でも私達赤ん坊だけは満足です。と言って英語が好きかと問はれますと、どうして、私のいつはらぬ告白、その昔、英語故に、あの無味乾燥な英語故に一学年を裏表受けて、そして月謝を余計に払った私でした。一緒に入学した友達は一足先に出て行く。うらめしいのは英語の先生で、未だにその名前と顔ははっきり覚えて居ります。それが変わりも変わって現在では赤ん坊としてふんだんにうまい英語のミルクが戴けるので、たまに入るお風呂さへもぬかして聞き入るこの頃です。おかげで先生が金曜日に米人と話される事はどうやらすっかり解るように迄なりました。　東京都大和村・大磯実（二月十日）〉

テキスト第十号の内容は二月十四日（金）で放送を終え、翌週からは第十一号に入っていく予定であったが、全国の書店に行き渡っているかどうかを心配し、二週間だけ第九号の復習に充てている。あくまでも柔軟な対処である。ここまでのスキットはほとんど再度のレッスンが行われているが、前述の停電などによって聴き漏らした人も多い。もちろん再放送ではなく、新しい内容で語っている。そして繰り返し、この英語遊びは誰でも、いつからでも始められると説いている。さまざまなレベルに対応する行き方が、既に確立している。

〈私には誰も相手になってくれる人が居ないので、家の中をグルグル歩き回って、火鉢やら、床の間の掛け軸におさまってゐるダルマさんにHow do you do, sir? 等と話しかけてゐます。

こんな大きな声を出してゐると、もしそれが日本語だったら、隣の人から、あれはどうかしているんじゃないかと思はれるでせうが、其処は英語ですから、隣の兄さんは勉強家だ、なんて思ってくれさうな気がして、それだけで愉快になり、気がねもありません。

長崎県島原市・飯田福雄（二月十三日）〉

〈先日英語の先生から「君の英語は発音が非常に正確だ」と言はれましたので、「僕毎晩カムカムの遊びをしてゐるんです」と言ひますと「道理でだ」と言はれました。近く毎日新聞の主催で全九州学生英語弁論大会が開かれますが、私はその候補として選ばれました。

福岡市鳥飼町・上田昇（二月十八日）〉

〈新日本の再建は先《ま》ずこのカムカム英語にある事を固く信じて、一心にこの道につき進んで行きたいと心に念じて居ります。進めカムカム、元気よく。世界のはてまで突き進め。世界の友は待ってゐる。

川崎市・井出菊代（二月十九日）〉

〈昨日或る人に向かって進駐軍の兵隊さんが、「此処から道後山の駅までどの位かかるかね」と尋ねますと、その人は真っ赤な顔をしてコソコソ逃げて行きました。そこで私が行ってお答えすると大変喜ばれ、五、六人の兵隊さんに取り巻かれて色々と質問を受け、とても愉快にお話しする事が出来ました。それから空軍の兵隊さんが私に、「君は平川氏を知ってゐるかね」と尋ねられたので、「よく存じてゐます。私は今、毎日先生の英語会話で勉強してゐます」と答へますと、「さうか、それは大変良い」と言はれ、兵隊さんはカムカムの歌を歌って大変喜んで居られました。

広島県東城町・岸準之助（三月四日）〉

カムカムおじさんの贈り物

二月二十一日（金）の放送で、平川は「今、既に実現しつつあることについて、もう一、二か月のうちには、その事実を皆さんにお知らせできると思っております。皆さんの小さい努力、ヨチヨチの英語でさえも、世界を動かす力を持っている事実には、きっと皆さんも、びっくりされるだろうと思います」と述べる。聴取者は、どんなことが始まるのだろうかと胸をときめかす。

早くも三月十日（月）に、それが明らかにされる。

さあ、いよいよ陽気もよくなって、全国何百万のカムカム赤ちゃんが、楽しい春の大活躍を始めるときがまいりましたよ。私たちの仲良しは、こうして、全国に何百万という数があるのに、今までのところは、みんなそれが別々で、会話の練習をするのにも、ダルマさんや子猫を相手の練習で、何となく物足りない、寂しい感じを、どうすることもできませんでした。そこで考えついたのが、今度の大計画なんです。これによって、全国の仲良しが、どこへ行っても、すぐ、ニコニコと手を握って、打ち解けたお友達になり、英語の練習もできるようになったら、どんなに素晴らしいでしょう。それには、何よりも一目で、カムカムのお友達だということが、すぐわかるようになっていれば、思わぬところで、お友達に巡り合うことができるというものですね。

そこで、その目印に、皆さんの胸に、美しいカムカムの記章を付けていただくことにいたしました。この記章のことは、英語でbadgeと言いますよ。この金色のバッジが、胸に輝いている人は、誰でもみんな、カムカムの仲良しなんですから、どこで会っても、すぐにニコニコと話しかけられて、生きた英語の楽しいお遊びができるし、また日本中、どこへ旅行しても、必ずお友達に出会うことができるなんて、思っただけでも、今からうれしいような気がいたしますね。それに、このバッジを付けていれば、進駐軍の兵隊さんたちからも、話しかけられる機会も、きっと多くなると思われます。そうして、少しでも多く、英語を使う機会ができれば、みなさんの英語が、それだけ、実質的な進歩を、ひとりでに見せてくるようになるでしょう。

テキスト第十三号の表紙に、バッジの告知がある。これには「全国のお友達、カムカム・クラブ員章」とあり「カムカムおじさんの贈物！　胸にバッジの赤ちゃんが、ニコニコ遊ぶ英会話」のキャッチ・コピーもある。実費として十円、申し込み先はメトロ出版社カムカム・クラブ係である。ここに、やがて全国に波及する「カムカム・クラブ」の兆しを見ることができる。

同じ号には第四週のテーマとしてOn the Train（汽車の中で）が取り上げられるが、そこに見知らぬ同士の出会いが描かれている。最初にHello, Come-chan. の呼び掛けがある。バッジが威力を発揮するシーンである。Come-chanとはカムカム赤ちゃんのことであり、「バッジを付けて赤ちゃん同士が互いに呼びかける愛称」と注釈がある。

もう一つ、受講者の参加する新しいアイデアが発表になる。

全国の、何百万という赤ちゃんが、みんなニコニコ顔で楽しむ、この英語のお遊びは、どこまでも、皆さんにとって楽しいものであり、すぐに役立つものでなくてはなりませんね。そこで、このお遊びの筋書きも、皆さんの素晴らしいお考えを基にして作ったら、どんな面白いものができるだろうと思うんです。それで、今度のテキストには、こんな会話を入れてほしい、というお考えがありましたら、その題と、会話の内容を細かく書いて、送っていただきたいんです。そして、その内容は、できるだけ楽しいもので、誰にでも身近に、すぐ活用できるような言葉を満載してください。もちろん日本語で、長さは、今までのテキストを参考にしていただければ結構と思います。それで、その会話の季節は、いつでも四か月ぐらい先のことを考えて、すなわち、今二月ですと、六月ごろの会話として、その内容を考えていただきたいんです。これが実現しますと、このお遊びが、ますます皆さんご自身のものとして、血の通った、親しみのあるものになるでしょう。さて、どなたの会話が、次のテキストに選ばれるでしょうか。選ばれた方には、きっと私から、英語でお手紙を差し上げることにいたしましょう。

（二月二十四日）

テキストの草案がどの程度生かされたかは別として、実際に採用になっている。第一回の採用分は六月放送の第十四号である。これには、表紙に「カムカム赤ちゃん寄稿特集号」と表示されている。

第一週　Firefly-Chasing（蛍狩り）福井県・杉谷信治
第二週　Rainy Day（雨の日）静岡県・栗田公明
第三週　Telephone Call（お電話）福島県・浅香五十鈴
第四週　Planning for a Picnic（ピクニックの相談）福井県・渋谷雪枝

民主主義の輝き

私たちカムカムの仲良しには、おじいちゃん赤ちゃん、おばあちゃん赤ちゃんも大勢いるし、お父さんお母さん赤ちゃんや、お兄さんお姉さん赤ちゃんもどっさりいて、数では、本物の赤ちゃんに近い、小さい赤ちゃんが、一番少ないかもしれませんが、今日は、その一番少ない、小さい赤ちゃんのニュースを一つ、お知らせいたしましょう。これは、ごく最近の日本のニュースとして、アメリカへ送られたものなのですが、その一節に、こういうことが書いてありましたよ。「日本の教育界でも、民主教育ということが真剣に研究されるようになり、特に進歩的な学校では、積極的に新しい教育法を実施しているが、それを視察するために、アメリカの教育家と一緒に、京都の国民学校を訪問された第八軍の司令官アイケルバーガー中将は、ちょうどそのとき、四年生の男子生徒たちが、声高々と歌っている英語の歌をお聞きになって、驚き、かつお喜びになった。その歌というのは、ラジオ放送で広く親しまれた歌で、その文句はこうである」

といって、「カム・カム・エヴリバディ」の文句を、全部書いてあるんです。四年生の赤ちゃんが歌う英語で、よくもあれだけ、はっきりと聞き取れたと思うんですが、何はともあれ、こうした明るい話題が、太平洋を渡って、アメリカへまで伝えられるってことは、それだけで、本当にうれしいニュースですね。私たちは、一人ぽっちのようでも、新しく生まれ変わった、新しい時代の私たちは、こうして世界の人と親しいつながりを持っていることを、今さらのように生き生きと感じさせられます。民主日本の成長を、ニコニコと見守っている、親切な、世界のお友達の期待に対しても、私たちは、もうじっとしてはいられない気がいたしますね。やりましょう。世界のお友達は、指し招いていますよ。

（三月十一日）

これには後日談があって、平川がアイケルバーガーあてに「カム・カム・エヴリバディ」について詳しく書き記したところ、横浜の第八軍司令部からアイケルバーガー自身の手紙が届けられ、「日本中で、いかにも楽しそうに英語の歌を歌いながら、熱心に英語の勉強をしている様子」に、あらためて喜んでいたという。実は、アイケルバーガーと平川とは、旧知の間柄であった。

皆さんは、今朝の新聞をご覧になりましたか。マッカーサー元帥が、私たち日本人の、まだまだ至らない平和への努力を、あれほどまでに高く買ってくださって、一日も早く、日本と平和条約を結ぶべきだと、はっきりおっしゃっています。この元帥のありがたいお言葉に、感激しない者があるでしょうか。世界の正しい人たちの、深い思いやりによって、日本にも明るい夜明けが、東の空に見え始めています。ありがたいことですね。

（三月十八日）

二十二年四月には立て続けに第一回統一地方選挙、第一回参議院議員選挙、第二十三回衆議院議員選挙が行われる。この結果、衆参両院とも社会党が第一党になり、六月一日、社会・民主・国民協同三党連立による片山哲内閣が成立する。三月二十日（木）には、選挙放送のために「英語会話」は休講である。

三月二十四日（月）の放送の締めくくりに、平川は決まりの言葉にＮＨＫ、ＪＯＨＫと言い添える。JOHKは仙台放送局のコードであり、仙台からの生放送が行われている。「皆さんの、はち切れるようなニコニコ顔が見たくてたまらなくなったとき、ちょうど仙台の皆さんから、ぜひ一度出かけてくるように」言われ、前々日と前日に六回にわたって集まりを持ち、併せて現地から放送も行ったのである。「驚くべき成長ぶりを拝見して」、放送中も喜びは隠し切れない。

その日の夜行で帰京し、翌日は放送会館からいつもの通りの放送である。

ゆうべは仙台の放送局から、皆さんのお宅を訪問しましたが、今日はまた、東京へ帰ってまいりまして、いつもの通り、楽しい皆さんのホームへ、勝手にお邪魔をしています。こうして、どこにいましても、私の声は皆さんのお耳と、ピッタリつながっていますね。それと同じように、今の皆さんのニコニコ顔は、そのまま世界中につながっているんですよ。その証拠には、平和日本の、ささやかな努力、それは、皆さん一人一人の、明るい建設の努力が、世界の正しい人たちから認められて、もったいないほど、理解のある態度を示されているのを見ても、はっきりとそれが感じられますね。この上、少しでも英語が自由になって、片言でも皆さんの真心を伝えることができるようになれば、ますます世界の人たちからかわいがられ、親しまれて、世界の平和に、どれだけ大きな貢献をすることができるかしれないでしょう。この大きな夢を実現するために、さあ、今日も、力いっぱい張り切ってやりましょう。

（三月二十五日）

季節は巡り、春が訪れ、日本国憲法施行の日も近づいている。この年を境にしてGHQの基本的な占領政策は変化を遂げ、二十四年十月の中華人民共和国の成立によって反動化はさらに促進されるが、一般の国民はそのような事情を察知しない。マッカーサーによる民主化が一直線に進んでいるように映ったこのころが、「民主主義」という言葉が最も輝いていた時代かもしれない。

ゲストへの手紙

かつては敵国同士であった日米の間にも、少しずつ理解が生まれ始めている。

四月十八日（金）の総ざらいのゲストは、この日が二度目のミスター・カンターである。彼は新聞（おそらく『スターズ・アンド・ストライプス』）の仕事のかたわら、戦災孤児の救済に当たっている。平川の紹介には「それでいて、世の中の、いわゆる慈善家といった人たちと違って、そぶりも見せない方なんです」とある。カンターは、全国の受講者に次のように語りかける。

皆さん、こんばんは。こうして、皆さんから喜ばれているこの放送に、また出るようにカムカムおじさんから頼まれましたとき、私はとてもうれしかったんです。うれしかったという訳は、今英語の勉強をしていらっしゃる皆さんからいただいたたくさんの良いお手紙に対して、心からお礼を言う機会が得られるからでした。カムカムの赤ちゃんからいただいたお手紙は、アメリカにいる私の家の者や友達にもずいぶん送ってやりました。その人たちは、皆さんからのお手紙をきっと喜んで読むと思ったからです。だって、今まで東洋人の書いた手紙なんか、一度も読んだことのない人たちばっかりなんですものね。もし時間さえあれば、ここで皆さんのお手紙の一つ一つにお返事をしたり、いろんなことについてお話ししたりしたいんですが、十五分の時間ではどうにもなりません。そこで皆さんのご親切なお言葉に対して、重ねて「本当にありがとう」と言うだけで我慢していただくよりほかはありません。どうかお許しください。

私は、日本を見れば見るほど、もっと深く知りたい気がしてきます。私は日本という国、そして日本の人がいろんなことをする、そのやり方を見て、非常に興味を感じています。実際のところを言いますと、私は日本の人が非常に好きなので、もう帰らないで、こちらにずっと長くいることさえ考えているんです。

このころ町には、街娼と浮浪児と復員兵があふれていた。「星の流れに」は夜の巷に立つ女性の心情を歌ったものだし、二十二年四月二十二日、NHKは「ガード下の娘たち」で〝ラク町(有楽町)のおとき〟の生の声を電波に乗せた。

この年二月一日の時点で、厚生省の推定した浮浪児の数は一万三千人とある。彼らは廃屋や地下道で雨露をしのぎ、昼は靴磨きや物乞い、モク拾い、時にはスリやカッパライまでやって命をつないでいた。好んでこのような暮らしに甘んじていたわけではない。戦争で家族をすべて失ってしまった戦災孤児も少なくなかったのである。街娼や浮浪児に対しては「狩り込み」と称する一斉検挙が、警察によってしばしば行われた。児童福祉法の公布はこの年十二月であるが、町からその姿が消えるのはいずれもしばらく後のことである。

五月にアメリカから一人のカトリック神父が来日した。エドワード・J・フラナガンである。

神父は教会を失業者の宿泊所として開放する一方、孤児たちの収容施設「少年の町」を建設するなどの活動を行っていた。「少年の町」はすべて少年たちの手で運営され、彼らはやがて社会人として自立の道を歩んでいくようになる。同名の伝記映画は昭和十四年に日本でも封切りされ、二十二年に再公開されたところから、フラナガン神父の名を知る日本人も多かった。

神父を招いたのはGHQである。CIEのダイク大佐（局長）はラジオ課のオーア課長に対し、フラナガン神父の思想をラジオを通じて普及させ、浮浪児問題の解決を促すよう命じた。その結果、七月五日から始まるのが、ドラマ「鐘の鳴る丘」である。当時、CIEラジオ課のスクリプト係はH・ハギンス、演出係はB・クーパーで、いずれも日本語が堪能であったという。

物語の原作は菊田一夫、主題歌の「とんがり帽子」は作詞菊田一夫、作曲古関裕而、歌ったのは川田正子と音羽ゆりかご会である。「英語会話」の放送のない土曜日と日曜日の夕方五時十五分からの十五分間は、たちまち子供たちの時間を独占することになる。復員青年加賀見修平と浮浪児隆太との出会い、ガンちゃん・クロ・みどりらとのやりとり、信州の山あいに建設される「少年の家」、鐘の鳴る丘での共同生活などが展開する。その後、孤児収容施設が全国に次々と建設され、CIEの意図は成就していった。

ドラマは聴取者からの要望にこたえ、二十三年七月からは月曜から金曜までの週五日間放送されるようになった。それまでは、音羽ゆりかご会も川田正子も、出演した豊玉第二小学校の演劇子供会「白鳩会」も、放送のたびに放送会館に足を運ばなくてはならなかった。連続放送を可能にしたのは、録音機の提供を含めたCIEの力である。

なお、このころの放送はすべて、ＣＩＥの厳格な管理下にあった。アメリカのラジオのスタイルをほとんどそのまま転用し、それにもかかわらず定着していった番組も少なくない。

カムカム・クラブ

二十二年四月二十九日、東京・神田の共立講堂で「楽しく英語を学ぶ会」が開催された。これは事実上、最初の「カムカム大会」である。二十二日（火）の放送では「素晴らしい夢の実現」を告知している。

一年余りの間に「英語会話」と講師の平川唯一は全国の聴取者から多くの支持を受け、身近にも熱心なファンが集まっていたことがうかがえる。そうでなければ、自身とメトロ出版社の少数のメンバーでは「素晴らしい夢」も到底実現し得ず、夢のまま果ててしまったことであろう。「カムカム大会」は想像していた以上に盛会であったらしい。記録には、参会者四千五百人とある。その模様が『スターズ・アンド・ストライプス』にも取り上げられている。その日の放送は、喜びを隠し切れない。そして翌日には、聴取者に向かって画期的な提案がなされる。

昨日の朝から降り続いた、ありがたい雨も、今日はカラリと晴れて、ホコリも立たず、明るい平和の中に、香り高い文化の花を咲かせる春が訪れてまいりまして、おめでたい天長節の今日、神田の共立講堂で開かれました「楽しむ英語会」には、東京都内はもちろんのこと、遠い地方からまでも、わざわざおいでになったカムカムの仲良しで、広い会場もはち切れるような盛会でした。これを見まして、同じ気持ちの全国の皆さんが、どれほど熱心に、英語を心から楽しんでおいでになるかがうかがわれまして、私は本当に、頭が下がる思いがいたしました。今までの私の努力は、精いっぱいとはいえ、まだまだ足りなかった。もっともっと明るく、がんばって、皆さんのご熱意におこたえしなければ申し訳ないと、深く深く心に誓ったこの感激は、きっと今後のこの時間に、十分生かしていきたいと思っております。

（四月二十九日）

昨日、共立講堂へおいでになった、数千人の皆さんは、たいてい胸に金のバッジを輝かせた、朗らかな、ニコニコ赤ちゃんばかりで、おそらく近来に例のない、楽しい晴れやかな集まりでした。そこで、皆さんの申し合わせで、今度いよいよ全国的に、カムカム・クラブをつくることになりました。それには、皆さんの胸に付けていらっしゃるCome Comeのバッジが一番の手掛かりになるでしょうし、昨日、クレーンさんが日本語の演説で、皆さんを笑わせながらおっしゃったように、村や町の四つ角に張り紙をして、Come Comeの仲良しを集めさえすれば、後は何もいらない。心の合ったお友達同士で、明るい交際のうちに、自然と英語を話す機会もできて、今まで、一人ぽっちの冬ごもりをしていた英語が、急に春の太陽に出合ったように、スクスクと伸びてゆくことでしょう。それは、思っただけでも愉快ですね。三人でも五人でも、一緒になって、Come Come Clubができましたら、今テキストを発行している、メトロ出版社にあるカムカム・クラブの本部へお知らせくだされば、必要に応じて、いろいろと面白い計画も生まれてくると思います。これは、思いついた人が始めさえすれば、きっと近所の仲良しが、大喜びで集まってくるでしょう。どうです、やってごらんになりますか。

（四月三十日）

このころの「付録」にバッジのことが出てくる。講師が問題として取り上げる英語を二、三度繰り返して読み上げ、それを聴いた受講者は意味をとらえ、書きとどめておく。耳の訓練である。正解は次回の「付録」の際に発表される。次は三回にわたって出題されたものである。

It means I am studying English conversation by radio, and if I see anybody with this badge, I can speak to him in English.（これは、私がラジオで英語会話を勉強しているしるしなんです。そして、もしこの記章を付けた人を見たら、英語で話しかけられるんです）

That's a good idea to practice your English. But why "Come, Come"?（英語の練習をするのには、良い考えですね。でも「カムカム」と言うのは、なぜですか）

Because the English lesson by radio always begins with a song "Come, come, everybody".（ラジオの英語の練習は、いつも「カムカム・エヴリバディ」の歌で始まるからなんですよ）

五月第三週で学習するテキスト第十三号のOn the Train（汽車の中で）が、バッジを付けた見知らぬ同士の出会いをテーマにしていることは先に触れたが、次の手紙で、実際にそれが珍しくなかったことがわかる。

〈昨日、鳴海へ野球を見に行った帰りのことでした。電車の中で背広のおじさんが、「一寸《ちよつと》、君、英語をやっているのかね」とニコニコしながら尋ねられました。あまり不意だったので、僕はただ「ええ」と答えました。すると眼鏡《めがね》をかけたそのおじさんは僕に「何処《どこ》か進駐軍の所へ勤めているのかね」とやさしく聞かれたので、「いいえ」と言った途端に、僕は自分の胸にカムカムのバッジを付けていることに気が付きました。見ると、そのおじさんも同じバッジを付けてみえました。去年の二月にこのお遊びを始めてから、初めてカムカムのお友達に会ふ事が出来て嬉しくてたまりません。電車を乗りかへる時、そのおじさんから名刺を戴きました。郵便局の課長さんでした。

愛知県・原田義兼（五月十九日）〉

また、バッジが持つ意味は、個々の受講者にとっても小さくなかったようである。

〈私がカムカムのお友達の仲間入りをしたのは今年の正月、未だ寒い冬の事でした。それから四か月間、私の勉強に大きな助けをしてくれたカムカムに、私は今また新しい希望の峰を仰ぐ喜びでいっぱいです。それは私の中学生生活を通じての念願であった、名古屋の南山外語専門学校に入学出来た喜びなのです。私はカムカムのバッジを胸に輝かせながら、先生と一緒に入学試験を受けてゐるのだと言う自信と誇りをもって学科試験に臨みました。そして口頭試問にもカムカムのバッジに想いを込めて頑張りました。そのお陰で私はカムカムのバッジと一緒に私の念願たる学校にみごと入学出来たのです。

岐阜県瑞浪町・山田敏彦（五月二十二日）〉

熱心な受講生が増えるにつれて、次のようなケースも出てきたらしい。

〈私達の東北外国語学校では今度四百名も新入学生が加へられ、真面目な勤労青年男女が机を並べて勉強してゐますが、夜間授業の為カムカムの時間がどうしても聞かれません。そこで先生にお願いして各教室に拡声器を付けて戴き、講義の時間を変更して、今日から毎晩カムカム遊びのお仲間入りをする事になりました。生徒一同全く大喜びです。一日の勤労を終えて登校する生徒達には、正に学校のオアシスともなることでしょう。

仙台市・板橋基（五月八日）〉

大会は、去る四月二十九日の東京に続いて、六月十四日（土）大阪でも開催された。新大阪新聞社の主催で、会場は中之島公会堂が充てられた。このときには明確に「カムカム大会」と銘打っている。当日は午後一時と三時の二回に分けて行われたが、三千人もの参加者があったためであろう。その折に「ラジオをあげるから大阪まで出ておいで」と手紙をもらい、岡山から訪ねた姪の孝子によれば、大きな会場にあふれる人たちで、気が遠くなる思いであったという。

土曜日の開催に合わせ、平川は前日に出発しなければならなかった。十三日（金）の放送は、おそらく「英語会話」初の録音によるものであった。

六月の放送は、聴取者が寄せた草案を基に作成されたスキットである。六月二十六日（木）には、八月に使用する第十五号の採用作品が発表された。選ばれたのは次の四点である。

第一週　Fresh Tomatoes（取りたてのトマト）徳島県・井内貞子
第二週　A Come Come Club Meeting（カムカム・クラブの集まり）栃木県・佐々木葵
第三週　A White Shirt（ワイシャツ）徳島県・井内貞子
第四週　At a Barber Shop（散髪屋で）愛媛県・松木逸男

井内貞子は二作が選ばれている。これに関して平川は「二つの草案は今までのうちで最も優れたもの」と評している。

草案の採用はテキストの第十八号まで続く。その後には見当たらない。第十六号には次の三作が採用になっている。

第一週　A Promise（お約束）札幌市・軽米孝繁
第二週　A "Come Come Baby"（カムカム赤ちゃん）徳島県・井内貞子
第四週　Before Breakfast（朝ご飯前）仙台市・武藤英明

井内貞子は、これが三編目の採用である。第十七号は、

第三週　Babies and a Radio（赤ちゃんとラジオ）福井市・山口慎一
第四週　Good News（耳よりな話）福岡県・水藤勝之

の二編、第十八号も次の二編である。その講評には、「たくさんの原稿が送られてまいりますが、いま一歩という感じがします」とある。以後、該当作がないことが続き、やがて公募を打ち切らざるを得なかったのかもしれない。

第三週　Looking for a Job（求職）東京都・堀口壽々子
第四週　A Little Puppy（子犬）横浜市・寺島信

放送時間の変更

二十二年七月一日（火）から「英語会話」の放送の仕組みと時間が変更になった。従来の夕方

六時からの放送が、夕方は七時から第二放送で、朝は七時三十分から第一放送で、一日に二回流れるようになったのである。夕方と同じ内容が翌朝に放送されるということは、録音が恒常的に行われるようになったことを示している。テープはまだ現れていないから、使うのは性能の劣る二連式の円盤録音機であった。

二十一年十二月にクォーター・システムの採用とともに週間放送番組表ができ、放送番組に安定性が与えられたとはいうものの、編成方針はまだまだ流動的であった。三か月で講師の交代が予定されていた「英語会話」にも、そうした事情の影響が及んでいたのであろう。二十二年度になると、四、七、十、一月の四回、放送時刻の改定が行われ、それによって確定した番組は三か月続けるという方針が一応確立された。「英語会話」は〝無期限〟で続くはずであったが（二十一年四月三日放送）、時間帯の変更は全体的見地から行われるもので、やむを得なかったのであろう。

第二放送は従来からあり、戦後は二十年九月一日に復活している。次第に拡充しつつあったとはいえ、カバーできる放送区域は限定される。生放送が第二で、再放送を翌朝第一で行うのでは、これまでの聴取者に不都合の生じる可能性も大きい。しかし、この七月の改定は、第二放送の整備という観点から断行されたようである。

これに沿った放送は十二月の最後まで続く。

その六か月間の「英語会話」を眺めてみると、これまでほどの自由闊達《かったつ》さがないように感じられてならない。「付録」は、頻繁に出題され、内容そのものも精緻《せいち》になっていると思われるが、その代わり、受講者の手紙の紹介がなくなり、導入の話題も少なくなっている。

八月六日（水）の放送では、あいさつに続き、いきなり英文の意味を問う「付録」である。

Now, don't say it's hot. Even the Emperor went to a coal mine yesterday, and spoke kind words to the men at work.（暑いなんて言ってはいけませんよ。天皇陛下さえも、昨日は炭鉱へおいでになって、働いている人たちに親切なお言葉をおかけになったんですから）

二十年八月の戦争終結をめぐる事態以来、天皇の身辺にも大きな変化が訪れていた。

九月二十七日以来、天皇は半年に一度ずつマッカーサーを訪問している。最初の会見の折に撮影された二人の写真は新聞に大きく掲載され、あらためて日本が敗れたことを国民に強く印象づけた。〝支配者〟側の代表である大男のマッカーサーは、ノーネクタイで両手を背後に回しているのに対し、天皇は燕尾服《えんびふく》で緊張の面持ちで写っている。

二十一年一月一日に発した詔書は「人間宣言」と呼ばれ、国民との紐帯《ちゅうたい》は神話や伝説から生じるのではなく、相互の信頼と敬愛によるのだとしている。

五月十二日、東京・世田谷の「米よこせ区民大会」の赤旗は皇居に向かい、天皇の台所を暴き、座り込みを続けて皇居内で一夜を明かした。同月十九日の食糧メーデーには「国体はゴジされたぞ。朕《ちん》はタラフク食ってるぞ。ナンジ人民、飢えて死ね。ギョメイギョジ」の〝詔書〟と題するプラカードが現れた。これを書いた共産党員・松島松太郎は不敬罪で起訴されたが、後に判決は名誉毀損《きそん》となり、松島は一躍、明治以来の不敬罪を突き崩した英雄と見なされるようになった。

一方、天皇は、二月十九日の神奈川県の戦災地視察を皮切りに、全国各地を巡った。かつて明治天皇が人心の安定を図るために行った例に倣《なら》い、巡幸をする計画にGHQの賛同が得られたのである。「付録」で取り上げたのは、この巡幸である。平川は「英語会話」を通して、民主主義の伝道者としての役割を果たしたと見られているが、同時に根っからの皇室崇拝者でもあった。

『カムカム・クラブ』の発刊

明けて昭和二十三年、第一放送で夕方六時からの十五分間に変更になったことで、一段と精彩を増したように見える。七月一日からは夜十時十五分から、第二放送の再放送も始まる。一月十二日（月）、突然、一人の熱心な受講者の受難が伝えられる。

去年の夏ごろ、この私たちのお遊びに、とても楽しい草案を書いてくださった、徳島県の井内貞子さんのこと、覚えていらっしゃいますね。あの井内さんのお宅は、去年の暮れに、火事で全焼したんだそうです。そして、ラジオがなくなってしまったこと、大事なCome Comeの仲良しから来たお手紙を焼いたのを、一番残念がっていらっしゃいます。しかし、こんなときでさえも、なお明るい希望をしっかりと抱いて、進んでいらっしゃる井内さんのところには、きっと近く、Construction（建築）の槌《つち》の音が聞こえてくることを、皆さんとご一緒にお祈りいたしましょう。井内貞子さんは、徳島県阿波郡大俣村にいらっしゃいます。

一月の最終週から使うことになったテキスト第十九号は、B六判で初めて中とじの製本がなさ

『カムカム・クラブ』創刊
3周年記念号（昭和23年
3月発行）

昭和24年太子堂カムカム・クラブ

れ、表紙も別紙で二色に印刷されている。

二月一日をもって放送は満二周年を迎えるが、これを期して新たに『カムカム・クラブ』(主幹・平川唯一)がメトロ出版社から発刊された。テキスト第十九号の予告には、「カムカム英語ファン待望の機関誌……テキストの副読本」とある。また、あるときは「百万カムカム・ファンの愛読誌」「英語文化雑誌」「英語学習者のベストフレンド」「中学・高校生の英語文化教養誌」などの、性格を表すコピーが見られる。機関誌として、またテキストを補完するものとして、必要な知識・情報を提供しようとしたと言えるかもしれない。

翌年、メトロ出版社に入社して〝ファンレター〟の整理などに携わっていた丸山一郎は、『カムカム・クラブ』がやがて単なる〝英語雑誌〟になってしまったと嘆く。丸山のような熱心な聴取者にとっては人気に依存したおざなりな編集方針に見えたのであろう。

『カムカム・クラブ』には、カムカム・クラブ支部結成の報告が続々と寄せられている。これを基に、「支部の現況」や「支部だより」が掲載されるが、発表が遅れていることに督促の手紙も届いている。所属員の少ないところで二人というものもあり、多いところでは学校単位の二百人(愛知県刈谷町立刈谷中学校)や、職場単位の百八人(広島市・三菱広島造船所)がある。最盛期には、全国に八百とも一千ともいわれる支部があったという。

4

「英語会話」の生い立ち

ランスへの回答

平川唯一はどのような経緯から「英語会話」の講師となり、「カムカムおじさん」と呼ばれるまでになったのであろうか。

まずは、「英語会話」の放送が開始されるまでの、戦中から終戦直後の平川の足どりについて見ておきたい。幸い、その辺りの事情を語った肉声が残されている。昭和五十五年五月、アメリカに住む孫のランスが問い合わせてきたのに対して、英語で答えたものである。

ランスの質問は次のようなものである。

「僕たちのクラスでは今、第二次世界大戦について勉強しています。クラスの全員が、第二次世界大戦について経験のある人たちにインタビューして、その歴史を学ぼうということです。そこで、僕は親戚が日本人なので、先生に『祖父母にインタビューする』と提案したところ賛成してくれ、通信にも時間がかかることから特別に時間をいただきました。以下の質問に答えて、同封のカセットテープに入れていただけますか。

①戦争当時は何歳でしたか。
②当時、どこに住んでいましたか。
③どんな仕事をしていましたか。
④戦争によってどんな影響を受けましたか。
⑤終戦をどのように受け止めましたか。
⑥戦争中、日本人の生活はどんな風でしたか。

⑦爆撃で家は破壊されましたか。
⑧配給はありましたか。
⑨原子爆弾でどんな被害を受けましたか。
⑩親戚でどなたか死亡されましたか。
⑪戦前・戦後、それぞれの時代にどのような著名人がいましたか。
⑫「東京ローズ」を知っていましたか。

そのほか、僕の知らないことで何か重要なことがあったら、どうぞ教えてください」

これらの質問のすべてに対してではないが、平川は約十五分間にわたり次のように答えている。

ランス、君の質問に答えましょう。歴史のクラスで役立ててください。

戦争中、私は四十歳ぐらいでした。私たちは、今の世田谷の家（注・世田谷区若林）から二ブロック離れたところに住んでいました。

戦争中は、東京にあったNHKラジオの海外放送英語課（注・海外局米州部）のチーフアナウンサーとして勤めていました。ここには十二人のアナウンサーがいて、ニュースやニュースのコメントを昼夜、世界中に送っていました。

幸運にも私たちは戦争の直撃は受けなかったが、東京のあちらこちらに爆撃弾が落とされました。私たちが被害に遭わなかったのは多分、私たちがアメリカに対して敵意を持っていなかったからでしょう。

戦争中、驚くべき奇跡の事実があったことを話しましょう。ある晩のこと、数十機のB29爆撃機が東京の上空に飛んできて、東京中に焼夷弾を落としました。そのうちの一つが、私たちの家の真上に落ちてきました。しばらくはその焼夷弾がわが家に向かってくるように思えたが、そのうち、一吹きの風が吹き、三ブロック先の空き地へ飛んでいってしまったのです。

しかし、まだたくさんの飛行機が世田谷の上空を飛んでいました。それらは、日本の防衛用サーチライトによって、まるで美しいスポットライトを浴びているようでした。そばにいたママや、ランスのお父さんビクターに「ごらん、空にきれいな天使たちが飛んでいるよ。彼らは私たちに幸運を運んできてくれたに違いない」と真面目に言ったつもりですが、きっと私が冗談でも言っていると思ったでしょう。

その翌日、そして五週間たっても、天使たちは幸運など何も持ってきてはくれませんでした。それどころか、数か月間はすべてのことがうまくいかず、悪い方向へと行ってしまいました。食糧不足に耐えなければならなかったのです。もちろん配給はあったけれど、生き続けるには到底十分ではありません。私は田舎のお百姓さんのところへ行って、とうもろこしや、米、野菜などを譲ってもらえるか頼んでみました。が、たびたび断られました。しかし、何とかして譲ってもらえるよう、何時間も畑仕事を手伝ったり、壊れたラジオを直してあげたりして、彼らを喜ばせ、そして貴重な食糧を少し分けてもらいました。

一方、戦地でも決して見通しは明るくありませんでした。そして、あのポツダム宣言の後、闇《やみ》の日々が訪れたのです。天皇陛下からの宣告で、戦地における日本軍は直ちに戦闘を停止せざるを得ませんでした。私は、全世界に向けてこの詔勅の英訳を放送したことを覚えています。もちろん、正確には覚えていませんが、天皇陛下がおっしゃった要点は、「私、天皇はポツダム宣言をすべて受け入れ、戦場にいるすべての日本兵は攻撃をやめるように命令する。これ以上、母国に忠誠な国民を地獄に追いやるのは耐えられない。その責任はすべてこの私、日本国天皇が負う」。天皇のこの尊いお言葉に、すべての国民は涙を流したものです。

実を言うと、天皇陛下の終戦の詔勅は、一九四五年八月十五日にラジオに流すため、その放送の数日前、極秘のうちに録音していました。私の友人、戸田さんは天皇の侍従で、NHKのラジオに流れるその日まで、天皇の護衛を務めました。日本の陸軍は、この明らかな敗北を認めようとはせず、従って彼らは、その録音を盗もうとしたり、また放送を中止させようと妨害しました。戸田さんの部屋は、あるとき軍の将校らに襲撃されました。しかし戸田さんは、図らずも彼らが来る何秒か前に、その録音を持って部屋から逃げ出していたのです。よって、声明の入った録音は無事保護されました。これが第二次世界大戦の終結の実話です。

八月十五日から数日後、フィリピンのアメリカ司令部から、ある指示が届きました。それは、臨時の司令部として接収される横浜の税関ビルに、NHKの英語を話せる職員とラジオ技術者のチームを派遣するようにということでした。そこで、私は数人のラジオ技術者と横浜へ行き、ある部屋に放送設備を設置し、マッカーサー元帥が日本到着時に占領宣言の放送が可能なようにしました。マッカーサーが来日し、彼と重光外務大臣の間で、横浜港に停泊のアメリカの旗艦ミズーリ号の船上で書類に署名が交わされたとき、私は臨時司令部において正当な立場にいました。

それは、霧の深い夏の朝だったと記憶しています。

私はそこで十日間ほど、軍のラジオ放送部に所属するハリス大佐とともにいました。ある日ハリス大佐は、ＮＨＫのスタジオと放送設備を接収する必要があると決めたのです。それは、アメリカ進駐軍のための極東放送を設置するためでした。私は案内役として、ハリス大佐をジープでＮＨＫへ連れていくように言われました。そこで仕方なく彼の指示に応じて、ＮＨＫへ連れていきました。

その日、偶然にもＮＨＫの幹部たちは部屋に集まり、鍵をかけて進駐軍の接収を回避する方法について討論していました。そんなことがあるとは知る由もなく、ハリス大佐はドアを叩きました。しかし、彼らは断固としてドアを開けませんでした。ついにハリス大佐は、「もし、このドアを開けないのなら撃つぞ！」と叫びました。私は立場上、会議室にいるＮＨＫの有力者たちにそれを通訳しなければならなかったのです。いやいやながら、彼らはついにドアを開けました。そこでハリス大佐は、彼らにＮＨＫの施設の一部を接収すると書かれた命令書を渡しました。

ＮＨＫの有力者たちの最後の望みの綱は断ち切られ、私にその責任がのしかかってきました。翌日、私はＮＨＫ幹部たちの前に座らされ、「われわれはハリス大佐から逃れるために必死だったのに、なぜあのような行動を取ったのか」と責められました。私はただ淡々と、「八年間いい仕事をさせていただいた揚げ句に、あんなことをしてしまって、本当にすみませんでした。心からのおわびとして、辞任を受け入れてくださるようお願いします。そして過去八年間の親切な処遇に、私はとても感謝しておりますことも一言加えさせていただきます」と答えました。

この悲惨な出来事は一生、私とNHKとの関係を引き離すもののように思えました。言い換えれば、私自身、職探しの一番困難なときに職を失ってしまったのです。

ランス、君はきっと、空を飛んでいたあの美しい天使たちがいつ、どのように幸せを運んできてくれるのか、と思うでしょう。私は三か月ほど無職ではあったが、決して希望を失っていませんでした。ある日、わが家にあの同じNHKから人が来て、全国ネットワークで英語会話の番組を放送してみないかと言われたのです。私は、もちろん英語会話など教えた経験は全くなかったが、私自身の独創的方法を考え、それが受け入れられました。それが、ラジオ人気番組の三つの中の一つとなりました。毎月三十万部から五十万部のテキストが売り切れになりました。聴取者は幼稚園児から八十歳のお年寄りまでと幅広く、一度私は、新聞発表の国民人気投票で皇太子殿下に次いで二位に選ばれたこともありました。放送時のファンレターも五十万通あり、その手紙やカードは今も保存してあります。

だからね、ランス、あの美しいアメリカの天使たちは本当に大きな幸せを運んできてくれたのです。どんなにつらくても、不幸でも、不平を言わないことが大切だ、ということを教えてくれているでしょう。長い目で見れば、人生のつらいこと、困難に出合ったとき、常に前向きに考えている限り、それは必ず良い方向に進んでゆく前触れなのです。

東京ローズについて尋ねていましたね。彼女のことはよく知っています。実は、彼女が海外放送に仕事を求めてきたとき、私が試験をしたのです。彼女は二世なので、英語を話す能力は抜群で、見事合格しました。しかし、かなりハスキーな声だったので、レギュラーアナウンサーとしては採用しませんでした。また、ニュースキャスターとしてもふさわしくありませんでした。ところが、彼女は突如、軍部の指揮する戦地のアメリカ兵向けのでっちあげ番組で働くことになったのです。それがもとで、彼女は母国のアメリカから裏切り者として起訴され、有罪の判決を受けました。私個人としては、彼女はそんなに悪くないと思っています。なぜなら、戦地のアメリカ人たちに直接被害を与えているわけでもないし、むしろ日本に来たアメリカ兵たちは、東京ローズに会いたがっていたのです。彼女は彼らにいい思いをさせることはあっても、悪いことは何もしていなかったのです。

ランス、これが私の話せる、あの当時のすべてです。これらが役に立つことを願っています。

詔勅の英語放送

ランスの父壽美雄（ビクター）の記憶では、世田谷区太子堂の自宅付近がB29の空襲に遭ったのは二十年五月の五日と二十五日の二回であるという。常々「神様が守ってくれるから、疎開などする必要はない」と言う平川に従って、家族がそろって暮らしていた。しかし、このとき一度は焼けるのを覚悟したようである。

南側の八幡様の大木に焼夷弾が引っかかり、その向こうの三軒茶屋の方向では大きく火の手が上がっていた。麦畑も燃えていた。東側も百メートルのところまで火が迫ったという。

そのころ、B29のことを子供たちは「赤鬼」と言った。憎い敵機であることに加え、地上の火災が銀翼を赤く染めて、実際にそのように見えたのであろう。壽美雄がそれを口にしたとき、父は「そういう言葉は使うべきでない」と、厳しくたしなめた。いつ、どういう人が神様になってやってくるかわからないのだから、と理由を添えたという。

決して、わが国の敗戦を望んでいたわけではあるまい。いずれ平和は訪れる。戦争は一時の不幸な関係であり、両者が手を握り合う日が必ず来ると確信していたのであろう。

壽美雄自身、後にアメリカである体験をする。大学に行きながら、ラッシャー・マーケットという雑貨店で配達のアルバイトをしていた。そこの一番の得意客は「赤鬼」を造っていたボーイング社の経営者一家であった。卒業で最後の配達となった日、届ける先々でお祝いをもらったが、ボーイング家でも大きなシャンペンを用意してくれていたという。

「日本の一番長い日」は各書に詳しい（平川の話は、それらで明らかにされている真相とは、若干異なる）。

終戦前後の日本放送協会の動きはあわただしく、その中でラジオが大きな役割を果たすことになる。

玉音放送の前日、八月十四日午後四時に管理者に招集がかかり、大詔《おおみことのり》が渙発されることはそれとなく知らされていた。

十五日は、正午の時報、和田信賢放送員の「只今より重大なる放送があります。全国聴取者の皆様御起立を願います」、下村宏情報局総裁の「天皇陛下におかせられましては、全国民に対し、畏《かしこ》くも御自ら大詔を宣《の》らせ給う事になりました。これより謹みて玉音をお送り申します」、君が代奏楽と続いて、いよいよその瞬間を迎える。国民にとって初めて天皇の声を聞く歴史的な、そして痛苦な機会が与えられたのである。

職員は第一スタジオに集まるよう指示されていた。当時、海外局亜州部副部長であった神谷勝太郎は、その日が特に暑く、開け放った窓からセミの声がかまびすしかったことを強く記憶している。玉音を聞いた後、放送会館前の電車通りを見ると、大勢の泣く姿があったという。

それから一時間ほどして、平川唯一はマイクに向かう。チーフアナウンサーとして、終戦の詔勅の英語放送を行うためである。大作『全記録ラジオ・トウキョウ——戦時体制下日本の対外放送』三部作を著した北山節郎がアメリカで発掘したモニター・テープの声は、紛れもなく平川であった。神谷も、英語放送で詔勅を担当したのは平川、続いて内閣告諭を放送したのは新野寛であったと述べている。

マッカーサーの放送要員

熱心なカムカム・ベイビーの一人でもあった竹前栄治（東京経済大学教授）は、かつて本人への取材に基づき、平川唯一を「横浜のGHQからマッカーサー元帥の第一声を放送するための放送要員第一号」（『朝日人物事典』）と記している。日本国民に向けたマッカーサーの第一声の放送がいつ、どこで行われたのか（行われなかったのか）明らかでないが、ランスへの話もその役割を物語っている。

フィリピンの米軍司令部からの指示に従って、放送のエキスパートとして、また責任ある立場でNHKから派遣されたのである。竹前は、「嫌がって行く人がおらず、自分が行くことになった」と平川から聞いている。経験に裏付けられた彼の信条からしても、ためらう理由は全くなかったものと思われる。

妻よねの日記を見ると、二十年八月二十八日（火）に「……DADDYは横浜へ御出張。重大なる御仕事にて……」とある。三十日にも「重大なる御役目にて横浜へ御出張」と記される。二十八日は先遣隊が、三十日はマッカーサーが到着した日である。二十八日以降、連日横浜に赴いていたと推測される。

進駐軍によるNHK放送会館の接収がいつ始まったのか、正確な資料は未見である。CIEの初代の長にダイク大佐が就任したのは九月二十二日である。CIEは放送会館の四階と一階を占拠、ほかにCCD（= Civil Censorship Detachment, 民間検閲支隊）が六階と五階の一部を使用、二階にはPIS（= Public Information Section, 渉外局）も入っていた。また、渉外局の並びには外国新聞・通信各社の記者室が特設されていた。

前出の神谷は、進駐軍の担当者について各部屋を回り、指示された通り、きれいな机にチョークで印を付けたという。六階建てに屋上のプレハブ小屋という放送会館の相当部分が接収されるのである。加えて、執務中のことであったので、神谷は同僚から白い目で見られたという。

平川がハリス大佐の案内役として放送会館に入ったのは、当然これよりも前ということになろう。外国語による海外放送は九月四日以降一切禁止され、平川の所属は九月八日付で渉外連絡部になるが、このころであったかもしれない。向後英紀（NHK放送文化研究所主任研究員）は「占領文書にみる対日放送政策の形成過程」（『放送研究と調査』昭和五十八年十月号）の中で、次のように記している。「八月三十日、横浜に米太平洋陸軍総司令部が設置され、翌日、日本放送協会に対して『米本国向けおよび占領軍向け放送の施設を提供せよ』と最初の指令を口頭で発した。九月六日、ダイク大佐に率いられた先遣隊が初めて日本放送協会職員と接触した」。いずれにせよ、自身が述べるように幹部との行き違いが生じ、九月三十日付で依願辞職となるのである。

平川が自らの任務にきわめて忠実であったことは容易に想像し得る。その結果、NHKを辞職することになったのであるが、一方ではGHQとの深い信頼関係を築くに至っている。

よねの話によれば、重大な仕事で横浜へ行くに際して、あるいは泊まりがけになるかもしれないと配慮し、真新しいワイシャツ三枚を用意した。指定された場所に着いてみると（税関ビルか）、あまりに汚ない状態であったので見るに見かね、腕まくりをして掃除を始めたという。便所の床まで雑巾でふいたらしい。まだ残暑の続く中、汗みどろの作業は着替えのワイシャツをすぐに必要としたことであろう。いかにも平川らしい逸話である。骨身を惜しまない生来の性格ばかりでなく、上陸間もない米国人に日本の恥をさらしてはならないという日本人としての矜持《きょうじ》、そして、ささやかであっても、それを立派になし遂げることが日本の未来につながるという確信が、そのような行為に平川を自然に向かわせたのであろう。

残念なことに遺品の中には見当たらなかったが、昭和二十年のある時期に、米第八軍司令官アイケルバーガー中将から感謝状が贈られている。その理由について、家族は「一生懸命やったからでしょうね」と言うが、中身はおそらく占領政策の遂行に対する大きな貢献であったろう。

九月十七日（月）の妻の日記には「白人二人を連れて自動車でDADDYお帰り」とある。当時としては宝物のような贈り物もあったらしく「感謝、合掌」と記される。

「英語会話」が始まる前か後か記憶がないがと断った上で、壽美雄が子供のころの思い出として語ったところでは、しばしばジープに乗って訪問客があった。母が作った卵酒を盆に載せ、ジープで待っている兵士たちに持っていくと、大変喜ばれたという。その後は「将校さんたちに失礼があるといけないから、子供たちは二階に上がっていなさい」と言われ、客と顔を合わせることはなかったという。卵酒の記憶からたどると、二十年の秋以後、「英語会話」放送開始以前の可能性が高い。

九月八日（土）には「振袖仕上がる」、十一日（火）には「振袖を持参。大変に喜んでフィリピンに送った由」とある。振袖を贈った相手は、果たして誰であったのだろう。これは、マッカーサーとみて、ほぼ間違いない。「マッカーサー夫人は紫色が好きだった」という家族の話があり、後に来日してから、平川が夫人を三越への買い物に案内したこともあったという。

ランスへの回答には出てこないが、もう一点、GHQと平川とのかかわりについて触れておかなくてはならない。それは、十月後半の段階で明らかにGHQの雇員になっていることである。どのような処遇・立場であったのか全く知り得ないが、平川によって極秘の報告書が提出されたとの記録が、GHQの内部文書に記されている。

また、このころ翻訳の仕事も手がけていたらしい。

日記などから推察して、平川家の日常は平穏である。アメリカから帰国して以来勤めてきた日本放送協会をやめたことに、わだかまりがなかったとは思えないが、前向きに考えるところに未来が開けてくると考える。そして、「英語会話」の開始につながるのである。

「英語会話」講師へ

「あの美しい天使たちがいつ、どのように幸せを運んできてくれるのか」というくだりを短絡的に受け取ると、「英語会話」の講師就任がGHQの圧力によって実現したかのように思えるが、決してそうではない。

十一月十六日（金）の日記に「山崎氏来訪、好条件にての放送……を依頼さる。感謝のみ」とあり、十二月十三日（木）には「DADDY, テキスト作成に忙しい」とあって、放送開始に向けて始動していることがわかる。

平川より二歳若いが、海外放送時代の先輩である神谷は、講師を引き受けるのをためらっている様子を見て、同じ渉外部副部長の山崎勇とともに「やれ、やれ」と激励した。「やるのなら、人と違ったことをやりたい」と、それを思案している風に見えたという。その迷いも短期間で払拭《ふっしょく》し、信念を固め、一気に準備に取り掛かったようである。「カム・カム・エヴリバディ」の着想が生まれたのも間もない。

その辺の事情について最も詳しく取材しているのは宇佐美昇三である。「カムカム英語の輝き」（アルク刊『英語教師読本』）と題して、次のように書いている。

「……国際課にいた山崎省吾《せいご》が、教養番組の担当になっていて平川を訪ね、『英語講座』の講師

スーツ姿でにこやかに講義する平川唯一

昭和23年の「英語会話」テキスト

をやってみないかと切り出した。『あれは昭和二十年十一月だった』と平川は記憶する。すでにNHKでは堀英四郎の『基礎英語講座』や、杉山ハリスと西内正丸の『実用英語会話』、J・A・サージェントの『英語会話』を放送していた。しかし、道をたずねるとか紹介といった会話教材では、いずれも一か月ぐらいで種切れとなり、なにかハウ・ツーでない会話番組が部内で要望されていた。平川は文法を中心にした『基礎英語』はやりたくないが『英語会話』ならいいよ、とこのとき気楽に引き受けた。しかし、それまでただの一度も英語を教えたことのないのに気づき、初心者向けの指導法を完全に零《ゼロ》から考えた。

もし、〝レッスン〟にしたら、聞く人が限定される。全国の老若男女を相手にするには、勉強は後回しにして、単純に口まねさせるに限る――『人間は困りつくすと同じようなところへくるのかな』。平川は戦争中に開発された各国の教材を念頭においてか、インタビュー中にふっとこんなことを筆者に漏らした」

英会話講師の話を持ってきた山崎省吾は、二十六年七月、NHKから開局前の日本文化放送協会（現文化放送。開局は翌年三月三十一日）に転じ、直ちに編成部長となり、オリンピック準備委員会委員長・企画局長などを経て、四十四年六月に退職した。前出『全記録ラジオ・トウキョウ』によれば、京都大学教授でもあったという。山崎はいわば「カムカム英語」誕生の直接のきっかけを作った人物と言えるが、もう一度「カムカムおじさん」との接点を持ったと考えられる。

「英語会話」の放送開始に当たって、講師としての抱負を平川は次のように語っている。

「自分は英語を自然に面白く大衆化して行きたいと考へてゐる。今までの様な狭い範囲の英語でなくて、之《これ》を拡充して家庭内にも採り入れる実用的な面に応用し得る英語にしたい。子供が言葉を極《ご》く自然に覚える様に努力を必要としない普及を実現させたい。そのためには今後の放送に英語の唄を採り入れる一方、漫談式にもやって見たいと思ってゐる。学校教育の如くあくびの出る放送は当然排斥すべきだと思ふ。一日、二日は唄を教へ、その唄を利用して講義を始める積りだ」(『通信文化新報』昭和二十一年一月二十七日)

後年、平川自身、ラジオやテレビ、講演などでしばしば人生を振り返っている。それらによれば、「カムカム英語」は「従来の常識からは考えられない型破りの教え方だったらしい」と述べている。だったらしいというのは、もともと日本で英語を習った経験がないので、英語の正式な教授法なんてものは全く知らなかった、それどころか、生い立ちから考えても、持って生まれた性格から考えても、英語の話し言葉を指導する立場に置かれる可能性などあり得ないことであった、としている。

ラジオの英語教育番組は、大正十四年(一九二五)七月十二日に、東京放送局が愛宕山から本放送を開始してわずか八日後に始まった「英語講座」を嚆矢《こうし》とする。「英語会話」も夏季に限ってではあるが、昭和十年代に放送されている。宇佐美昇三の労作「英語教育番組略史」(日本放送協会『放送文化研究』二十五号)で放送者一覧・戦前の部(昭和十七年から二十年九月十八日の「実用英語会話」の登場までは英語教育番組はない)を見ると、最初の放送講師である岡倉由三郎(東京高等師範学校)をはじめとして、講師の勤務先のほとんどが教育機関である。すなわち、教育者・研究者以外の講師は約百六十人中、数えるほどにすぎない。戦後とて、その傾向はおおむね同様である。

しかし、戦後初期の番組では、堀英四郎（慶應義塾大学）、J・A・サージェント、小川芳男、岩崎民平（いずれも東京外国語大学）に交じって、杉山ハリス、西内正丸、五十嵐新次郎、新野寛といった日本放送協会のアナウンサーの顔触れが並ぶ。平川も前職ではあるが、日本放送協会アナウンサーである。条件の一つとして、アナウンサーが英語教育番組の担当講師となり得る素地が、そのころたまたまあったと言える。

平川はさらに、「私の背後には何か不思議な力が働いていて、その隠れた力があらかじめ『カムカム英語』を目標に置いて、それに必要な訓練や勉強が自然にできるように、それとなく引き回してくれたのではないかと思えてならないのです」とも述べている。

不思議な力に引き回されて、やがて「カムカム英語」に到達した彼の人生とはどういうものであったのか——。それについては、後段に譲ることにする。

5

NHKから民放へ

平坦ではなかった「英語会話」の道

昭和二十三年から二十四年にかけて平川は、各地のカムカム大会に招かれる機会も多く、きわめて多忙である。支部は毎月確実に増えている。番組は高聴取率で安定していたと推察され、用紙事情も好転し、受講生の要望にも十分こたえている。正確には知り得ないが、五十万部ともいわれるテキストの発行部数のピークを強いて求めるとすれば、いろいろな条件から二十三年ごろではなかったろうか。

しかし、「英語会話」は平坦《へいたん》な大道ではなかったらしい。相良武雄「カムカム英語一夕話――平川唯一氏訪問記」（研究社『時事英語研究』昭和二十四年四月号）には、平川が「時には六時の放送を前に控えて、もう今日の放送はできないと思い詰めるほど絶望感に襲われたこともあったほどです。ただ私の苦心は、こういうマイク以前の苦労の痕跡《こんせき》を、少しでも聴取者に与えてはならないということです」と語ったとある。ここでは、次のような失敗のあったことも明らかにされている。

「別に放送に大穴を開けたということではないのですが、ただ一度、臨時ニュースが入ってきて、二、三分ほど頭を食われてしまったことがあります。私の放送は十五分の中にtimingして盛り込んである内容で、二分か三分でも右から左へとおいそれと融通ができないのです。とうとう放送できなかったのは残念でした。これは、私が故意に放送を蹴ったという風に誤解されたようですが、決して他意あるものではなかったのです」

臨時ニュースがあり、結局放送を取りやめたのは、二十三年三月三十一日（水）のことである。

この日も朝から放送原稿を用意し、練習を重ね、万全を期していた。カットされた数分を即席で補い、無難にまとめていくという器用さは平川にはない。その代わり、通常の放送なら、所定の内容を省略も水増しもせず、決められた時間でピタリ完了することができる。「片手間ではできない仕事」と常々漏らしていたのは、十五分間の放送に周到な準備が不可欠であることを指している。

肉体的な負担も大きかったのであろう。五十嵐新次郎の代講を紹介したが、責任感の強い平川が風邪などで休まざるを得ないこともしばしばである。

「英語会話」の講師を当初、三か月で降りる約束であったことも、その日が近づくに従って憂鬱《ゆううつ》さを増したであろう。幸い、誰にも予測し得なかった大成功と、聴取者の圧倒的な支持が〝無期限〟で継続する道を開いてくれた。

このころまでに平川が最も衝撃を受けたのは、二十二年七月一日（火）からの放送時間の変更であった。昭和三十四年に刊行された『五味正夫君のこと』に「陰の捨石よ、永遠なれ」と題する追悼文を寄せているが、そこに親友との友情に触れて、一つの秘話を紹介している。

「或る日突然放送時間の変更を知らされた私は、急にがっくりとして、全く放送意欲を失ってしまった。今まで第一放送の電波に乗っていたのが急転直下第二放送の聴きにくい時間に押しやられた上、その直後に各プログラムの聴取率を調査するという通告なのである。

今まで無力ながらも文字通り全生命を打ち込んで愛し続けてきた放送が、こうしてやせ細ってゆくのは到底堪え難いことであった。『仕方がありません。私は今晩からもうどうにも放送が出来ません』と、これだけ言うのがその時の私には精一ぱい。後は誰が何と言っても口を開く勇気さえなくなってしまいました」

そのとき、異変を聞いて駆け付けた五味は、平川を放送会館の屋上に誘って、静かに話しかけた。「その気持ちは僕にもよくわかります。しかし、それほどに聴取者を愛している先生が、ここで放送を退くと、ようやくヨチヨチ歩きができるようになったばかりの英語の赤ちゃんたちを、見殺しにすることになりはしませんか」。この一言で、平川は正気に返ったという。

CIEの信頼

当時、五味はCIEラジオ課にアシスタントとして勤務していた。「私のカムカム放送が、あまりにもよく進駐軍当局に理解され、好感を持たれていたので、私を知らない一部の人からは、平川は自己宣伝がうまいと言ってなじられたことさえ、たびたびあった」とも記しているが、放送を管理するCIE側に五味のような理解者がいたことは幸せであった。

アメリカで生まれ、少年時代を日本で過ごした二世のフランク馬場は、二十年十一月に米国戦略爆撃調査団の一員として来日し、「日本の民主化のためには君のサービスが必要だ」と請われて、やはりCIEラジオ課に所属していた。六年間の在籍中、わが国の放送史に残るさまざまな場面に登場する彼が、「平川の放送は全くチェックしなかった」と語っている。

平川唯一がGHQ、とりわけCIEの人々と親密であったことは明らかである。フランク馬場と平川とは東京ローンテニスクラブで相まみえたことがあるというし、平川の招待でCIEの数人と料亭にも行ったという。よねの日記にも「進駐軍十人、幸村へ招待」（二十四年十二月十二日）、「進駐軍を招待して東京湾で舟遊び」（二十五年八月二十七日）などとある。

平川がGHQの側から見て「愉快で、社交的な」人間であったのは、意外である。口下手で、人付き合いも不器用である点は、自他ともに認めるところであったからである。考えてみれば、アメリカ人との交際の方がむしろ自然にできたのかもしれない。十六歳で渡米した平川は、そこで第二の精神形成期を迎え、成熟する。言葉だけではない、真のコミュニケーションがどんなアメリカ人ともできる。自己宣伝がうまいと言われるのは、誠に心外なのである。

しかし、CIEとの親密な関係は、やがて不本意な事態をも引き起こすことになる。

メトロ出版社設立の経緯

二十三年から二十四年に年が変わる中で、「英語会話」に見られる変化は、第二放送の再放送がなくなって第一放送の夕方六時からの十五分間のみになったこと（以後、NHKの最後の放送まで）、テキストの編集人が、二十三年五月発行の第二十三号以来、メトロ出版社編集長であった折登健三郎から、社団法人日本放送出版協会に変わったこと、である。

株式会社メトロ出版社は、「英語会話」テキストの出版を行うことが決まったのと同時期、すなわち昭和二十一年秋に創立された。麹町区丸の内仲十二号館六号に置かれ（二十五年一月発行の第四十三号からは中央区木挽町五―四、明礼ビル）、初め発行兼印刷人は豊田則雄、二十二年八月発行の第十六号からは大岩長一、二十五年九月発行の第五十一号から後は樋口卯太郎である。

メトロ出版社の発行になった第九号からは、奥付に著者として平川唯一が表示されるが、第二十三号からは欄外に講師として記される。

これらの人々のうち、豊田と折登は平川とワシントン州立大学の同窓であり、樋口はＮＨＫからの出向者である。当初は平川が社長を務めていたのではないかと想像されるが、その辺の事情についてはつまびらかでない。二十四年十月に平川がメトロ出版社から退職金五万円を受け取ったとの記録があるので、この後は講師としてのみかかわりを持ったのであろう。

二十一年九月十七日付でＣＩＥラジオ課長マクハーランからＮＨＫ専務理事古垣鉄郎あてに一通のメモランダム（覚書）が出されている。内容は、「英語会話」テキストの印刷と発行をすべて平川に任せよ、というものである。前出の神谷は、同僚の春日由三とともにＣＩＥを訪ね、前例がないことを理由に何とか従前通りに認めてほしいと要望したが、一言で却下されたという。

メトロ出版社は、前に記したように、テキストの出版を目的として設立された。聴取者の期待にこたえるという問題解決のために、平川ら関係者が考えついた方法であった。それをＣＩＥが支持したのである。当時の用紙事情の下では、新興の出版社に十分な割り当てがあろうはずはない。しかし、フランク馬場は「それは、実に簡単なことだった」と証言している。

平川がＣＩＥとの親しい関係を背景にして、無理を押し通したと見るのは曲解であろう。ラジオの増産に際しても資材を優先的に回したように、日本の民主化と占領政策の遂行にとって有益であると判断すれば、思い切った意思決定も行ったのである。無論、あの時代に〝その筋〟の威光を借りて個人的な利益を図った例は少なくない。しかし、平川の場合、あくまで聴取者のために、この方策を選んだのである。そして、それはGHQの方針にも合致する結果をもたらしたのである。

「英語会話」講師の退任

昭和二十六年二月六日（火）、おそらく本人からは初めてと思われる「英語会話」講師を降りることが、放送の冒頭で唐突に告げられる。

皆さんとご一緒に楽しく続けてまいりました、このカムカムの英語遊びも、いよいよ今週いっぱいで、お別れということになりそうです。名残は尽きませんが、せめて、この最後の幾日かを心ゆくばかり、楽しくいたしまして、皆さんの貴い努力に、お報いすると同時に、どうか今後も引き続いて、皆さんの生きた英語を、十分育て上げていただきたいと思います。

このころの新聞各紙は「カム〳〵先生辞める」「もう聞けない平川英語」などの記事を掲げ、『朝日新聞』の「声」や『読売新聞』の「読者の声」には再三にわたって、平川の引退を惜しむ聴取者からの投書が載せられている。辞任した後も聴取者の「平川先生復帰運動」があり、その事務局が中央区・泰明小学校に置かれたり、代表者がNHK・春日編集局長と会見するなどの動きが報じられている。

これらの記事を見ただけでは、番組を降りた本当の理由は見えてこない。NHK側と平川自身の談話もあるが、一方は「経済的条件が折り合わなかった」と言い、他方は「楽しく英語を勉強する空気を作ってもらいたかっただけ」として、全くかみ合っていない。

平川は前年十二月五日に、古垣会長あて進退伺を提出している。その真意は推測の域を出ないが、メトロ出版社の営利本位の行き方が平川にとって不本意であったこと、NHKの管理の強化に対する不満があったことが挙げられる。無理を重ねてきた結果、体に変調を来し、五年を一つの区切りとして後進に道を譲る考えもあったかもしれない（「英語会話」の講師の後継は後に松本亨に決定する）。

これを受けてNHK側は後任を捜すが、すぐには適当な人が見つからなかった模様である。そのために、平川に講師継続を求め、一月十六日になって契約書の提示がなされる。「出版の件は電波管理局の意向に基づき、将来は放送協会の直系出版社に統合される途上にあり、それまでの暫定契約である」旨の付言も平川のメモに残っている。

契約の条件は『基礎英語』の講師と等しいものである。これに対して平川は、「全国に八百余の支部を持つカムカム・クラブ十五万の会員を含めて、テキストなしで勉強している六十万人の聴取者本位に、同クラブに出版権を与えたい」と主張している。

フランク馬場は「適当に妥協するように言ったが、平川は頑固で聞き入れなかった」と言う。やはり〝経済の問題〟ととらえている。平川の周囲にも「NHK側がもう少し有利な条件を出してくれていたら」と言う人がいるが、決してそういうことではあるまい。平川はこのころ、有名人所得番付の上位に名を連ねるほど恵まれていた。これ以上を望むべくもない。この点についてあえて書き加えておきたいことは、条件にこだわっているように見えたのは、従来のそれよりも低いところから平川の「英語会話」に賭ける自信と誇りが許さなかった、という解釈である。経済的条件は公然と口にしにくく、それを拒否の理由に挙げれば、まさに経済の論理に巻き込まれてしまう。従って、平川は全国の聴取者の復帰運動に囲まれながらも、言い訳せず、黙って見ているだけだったのである。

実は、両者とも了解していながら口にすることのできなかった真の理由が、ほかにあったと思われる。当時の教養部長庄司寿完《としひろ》は、春日由三の指示で直接の折衝に当たり、平川家も訪れている。その庄司によれば、「あのころ、平川さんに辞めてもらうのは、ＮＨＫの既定の方針だった」と言う。

朝鮮戦争が勃発《ぼっぱつ》したのは二十五年六月二十五日であり、これと同時に「特需」が発生して急膨脹、日本経済の発展と、援助からの自立を押し上げていく。また、二十六年九月八日にはサンフランシスコで四十九か国が対日講和条約に調印、翌年四月二十八日に発効している。

時代の変化の中で、占領も終わろうとしているとき、わが国は好むと好まざるとにかかわらず、あらゆる分野で自立を迫られている。放送とて例外ではない。既に占領直後のようなＧＨＱの強力な介入もない。「英語会話」をめぐっても、平川の一貫して変わらない考え方と、ＮＨＫのそれとの間に、明らかなギャップが生じていたのであろう。〝平川降ろし〟は特定の人々の意思ではなく、ＮＨＫのアイデンティティを確立していく過程での不可避の出来事だったのである。

そして、二十六年二月九日（金）、平川は「英語会話」講師の最後の時を迎える。

さあ、今日は、いよいよ最後の総ざらいですね。これでお別れということになりますと、一応しんみりとした気持ちになるのが当たり前かもしれませんが、私たちカムカム赤ちゃんの伝統は、どこまでも明朗に、希望と夢を失わないように、ということなのですから、ここで下手な大人の真似《まね》をするよりも、最後まで明るく、楽しい総ざらいで、終わりたいと思います。（中略）では、皆さん、お元気で！　五年の間、皆さんと、明るく手をつないでまいりました、楽しいカムカムの英語の旅も、いよいよこれで、お別れです。長い間、皆さんと仲良しにしていただきましたこと、心から厚くお礼申し上げます。と同時に、ここで芽生えました、皆さんの英語が、立派に成長して、大きな舞台に活躍する日を、ただひたすらに、お待ち申しております。では、全国のカムカム赤ちゃん、いつまでも明るく、お元気で。

This is Hirakawa saying, sayonara and good night.

ラジオ東京の「カムカム英語」

二十六年十二月二十五日（火）朝七時十五分、ラジオから平川唯一の声が聞こえてきた。十か月ぶりである。

Merry Christmas, everybody. Merry Christmas. 皆さん、お元気ですか。ずいぶん久しぶり

ですね。丸々五年の間、皆さまと温かい血のつながりを感じながら、楽しく育ててまいりましたカムカム英語も、今年の二月九日を最後に、しばらくお別れということになっていましたが、今日は、ニコニコのサンタクロースが道案内で、ここに再び、皆さんとご一緒になることができまして、こんなうれしいことはありません。

もちろん、ここに来るまでには、新しくできたラジオ東京の皆さんが、並々ならぬご苦労をしてくださったこと、そして、この時間を提供してくださるアサヒビールの、実に気持ちのよい、温かいご好意があったればこそで、このご苦労とご親切に報いるためにも、われわれ全国のカムカム赤ちゃんは、今日から、大いに張り切らなくちゃなりませんね。

ラジオ東京は、この放送の前日に開局している。新放送の目玉の一つとして登場した「カムカム英語」のいきさつを、平川は前出の『五味正夫君のこと』の中で記している。

「……五味さんは又私のテニスの好敵手でもあった。学生時代に青山学院のテニスのキャプテンをしていただけあって、一球毎に球のペイスを変える巧妙さといい、送球の角度のよさといい、こちらはいつもコートを右に左にふり回されたあげく、無残なパッシング・ショットを食うのがしばしばだった。

いくら頑張ってみてもなかなか勝てない相手であるだけに、最も楽しみに待つ相手でもあった。

その五味さんが久しぶりにテニス・コートに顔を見せた。たしか昭和二十六年の晩秋だったと思う。当時私は五か年のカムカム放送から退いて、少々のんびりし過ぎていた頃だった。心持ち左肩をあげて、ニコニコしながら近づいて来た五味さんは、ラケットの面をポンとたたきながら、『今日の試合で、もし先生が私に勝ったら、素晴らしいビッグ・ニュースをお伝えすることにしよう』と言うのだった。『よし!』と立ち上がった私は、五味さんのくり出す難球を必死に拾いまくって珍しく勝った(相手が練習不足であったことはふせておいた方がよい)。そこでいよいよ五味さんの言うビッグ・ニュースを聞く順番である」

ビッグ・ニュースの中身は、同書の長谷川遠四郎「初めと終り」に詳しい。アサヒビール名誉顧問の長谷川は当時、業務課長で、わが国の民放界の夜明け前、広告を電波に乗せるという未踏の世界で苦闘していた。

「真夏の午下《ひる》がり、かんかん照りの西日に、狭い応接間が、やけに暑かったことを想い出します。二の腕までまくり上げたワイシャツにショート・パンツという、至極行儀の悪い、いで立ちの私は、きちんとネクタイをしめた上に、紺のスーツを涼しげに着こなして、初対面の挨拶《あいさつ》をする五味さんに、いささか間の悪い毛脛《けずね》を持てあましたものです。

快活な、そしてきらきら光る注意深い眼、歯切れのよい言葉、要を得て急所をはずさぬうけ応え、——最初の数分のやりとりで、スマートなのは決して彼の外見ばかりではないことが感じられました。

話はNBCオーケストラのテープの輸入のことから平川唯一さんのカムカム英語へと発展しました」

そこには、さまざまな群像の交錯が見られる。終始良き理解者であった五味正夫は、「カムカム英語」の放送が実現した後も、当時アサヒビールの社員であった三国一朗とともに録音のたびごとにスタジオを訪れ、細心の気配りをしている。

長男の壽美雄は、放送の初日がクリスマスであったことをはっきり記憶している。両親とともにタクシーで銀座へ出たところ、酔客がクリスマス・ツリーを持って停止したタクシーのドアを開けて乗り込み、反対のドアから出ていった。日本は経済成長の時代に突入していたのである。

壽美雄は翌年二月、父の原点をたどるかのように、同じ年齢で、市民権を持つアメリカへの留学を自らの意思で決め、旅立っていく。反対はされなかったが、どうしたら渡米できるのか聞くと、父は「それは君の仕事だよ」と答えたという。格別に恵まれた条件で行けたわけではない。ただ、出航の折、父は『リーダーズ・ダイジェスト』の各ページを貼り合わせ、中にドル紙幣を入れた一冊を渡してくれた。次第に聞き取りにくくなる「カムカム英語」を聴きながら、日本から遠ざかっているのを実感したという。その後、壽美雄が「カムカム英語」を放送で聴く機会はなかった。

「カムカム英語」の最後

ラジオ東京の「カムカム英語」では、番組の最後に三木鶏郎作詞・作曲の歌が流されている。初めが「僕は英語の習いたて」、次は「風邪ひきの歌」である。小西六（現在のコニカミノルタホールディングス）のコマーシャル・ソング「ボクはアマチュアカメラマン」は有名であるが、これとほぼ同時期である。

しかし、聴取率は必ずしも期待した推移をたどらなかったようである。放送時間帯も二十七年四月から夕方五時四十五分へ、六月から朝六時四十分に変更になった（ラジオ東京）。十二月二十六日（金）、第二百六十四回目を東京・神田の女子青年会館の公開放送で行ったのを最後に、二十八年一月五日からは日本文化放送などの自主放送に変わる。

日本文化放送に変わった経緯について、二十七年から二十九年までのテキスト発行所・日東出版社（印刷を担当した秀英社のグループ企業）で編集に携わった宮野昌子は、「放送局の上の方をご存じだったからでは」と語っている。直接には、おそらく前記の山崎省吾が再び平川の舞台を設定したものと思われる。加えて、放送局設立の際に貢献した五味正夫が、陰で支援してくれたのかもしれない。

しかし、平川の知名度はきわめて高かったにもかかわらず、聴取率は低迷を続ける。もちろん、熱心な受講者は少なくないのであるが、往時の勢いは見られない。草創期の民放の影響力がネットワークをもってしても、老舗《しにせ》のＮＨＫと比較にならないのは明らかである。テキストの発行部数は、民放の時代を通じて十万部を超えることはない。三十年には、日東出版社から平川自身の主宰するカムカム英語センターの発行に移る。

当初は、夕方六時からの開始であった日本文化放送も、二十八年七月には朝六時十分に変わり、二十九年五月に朝五時二十分に繰り上がると、七月には放送打ち切りとなる。最後は七局のネットワークである。

三十年七月のテキスト最終号では「緊急おしらせ」として、「皆さまにもっと喜んでいただくため、平川先生は只今新企画構想を練っていらっしゃいますので、この夏休み中をお休みさせて頂きます」とある。しかし、ここに九年六か月にわたる「カムカム英語」の放送は幕を下ろす。「もはや戦後ではない」という言葉が一躍脚光を浴びた『経済白書』（副題「日本経済の成長と近代化」）は、その翌年の版である。次の〝英語ブーム〟は三十九年の東京オリンピックの近づくのを待たなくてはならない。

最後の昭和三十年七月三十日（土）、平川唯一は回想し、深く礼を述べている。

Hello, everybody. Well, this is going to be our last day together, the last day, at least for the time being.

皆さんにかわいがっていただいております、この「カムカム英語」の放送も、今日を最後といたしまして、しばらくお休みに入ることになっておりますが、この放送が初めて誕生いたしましたのは、NHKの第一放送で、一九四六年、戦後間もないころでした。それ以来、NHKから五年、続いて各地の民間放送を通して、今日まで、皆さんとともに、英語を心からenjoyしてまいることができましたのは、ただただ皆さんの力強いご声援と、各放送局のご親切のたまものであることを思いまして、私といたしましては、ただもう「ありがたい」と申し上げるよりほかに、言葉がございません。十年一昔と申しますが、この長い間、毎日の努力を積み重ねてこられた皆さんの中には、もう外国人をしのぐほど、立派な英語を完成しておいでになる方たちも、相当あるのを見聞きしまして、よくもここまでおやりになったと、心からお喜び申し上げたい気がいた

します。（中略）

では、皆さん、どうぞお元気で。長い間、温かいご支援をいただきまして、本当にありがとうございました。また、いずれ機会を得まして、再び皆さんとご一緒に、楽しく英語を育てる日が来るのを、心から願いつつ、この放送を終わります。どうか、それまで、皆さんも、必ずお元気で、がんばってください。

This is Hirakawa saying so long and see you again.

6

カムカム・ベイビーズ

九年六か月にわたる平川唯一の英会話講座に親しんだ人は多い。今日のように、あふれるほどの学習機会があるはずもなく、それだけに多くの人が真剣に、かつ楽しみながら聴いている。そして、それぞれの心に懐かしい思い出を残している。いわば、「カムカム英語」はそれぞれの人生と交錯して、ドラマを作っているのである。

ドラマは聴いた人の数だけ存在するが、ここではそのごく一部を紹介することにしよう。

武田守正（東横学園中・高等学校校長）は、厳密な意味でカムカム・ベイビーではない。NHKの「英語会話」が始まったとき、既に慶應義塾大学英文科の学生で、今日に至るまでかかわりの深い英語の世界に入っていたからである。しかし、文字を通しての勉強こそしてはいたが、会話は特にやっていなかったという。そして、進駐軍兵士の英語に触れて、「カビの生えていない英語」を知った。それから間もなく始まる「カムカム英語」は第一回の放送から聴いているが、それはまさに生きた英語をマスターする近道であった。

武田はその後、研究社に勤務し、昭和二十七、八年、「カムカム英語」と同じ時期の日本文化放送で、同社の提供する「中学生の英語」講師を務める。そして、教職の道に向かうのである。この間に、平川とは師弟であって、かつ同伴者のような関係ができてくる。研究社の読者大会の折には平川が講師で出演し、また慶應義塾普通部、田園調布雙葉中学では講演も行っている。一方で、武田も協力を惜しまず、カムカム大会などへの出演や放送のゲストの紹介を進んでしている。平川の最後まで、寄り添うようにしていた一人である。

平川を評して「明治人の気骨を持った人だった」と言う。また、「奴隷になっては駄目だ」という平川の言葉も、武田には印象深い。つまり、ここからあそこまで土を十杯運べと言われ、主人が途中で「もういいよ」と言ってくれるのを心待ちにしながら、いやいや仕事をするのが奴隷である。自分のためになると思えば、十杯といわず、十五杯でも二十杯でも運べるはずである――「それは、先生の信条でもあった」と言う。

武田と同じ東横学園に奉職する**ウィリアム・スタッブス**には、一風変わった「カムカム英語」との出合いがある。

二十一年九月、進駐軍としてアメリカから来日し、第一騎兵隊に属し、三浦半島にあった軍の郵便局（ＡＰＯ）に勤務した。三年後に現地除隊を選び、立教中学の英語教師となる。何せ、太平洋を一っ飛びで来られる時代ではなく、はるばる輸送船でやってきたのである。帰国したら、もう二度と訪れる機会はないだろう。この面白い国をもう少し見ておきたいと思ったという。

そのころの日本の放送で、わかるのは「カムカム英語」だけであった。面白い番組だと思いつつ、これで日本語を勉強した。母親の言う How nice! が「何と素敵なことよ」ではなく、「あら、そう」と表されるところに、自然な日本語を感じたのである。

「今もひどいと思うが、あの当時の *Let's Learn English* や *JACK AND BETTY* は本当にひどい教科書だった」。単純な比較はできないが、「平川唯一の英語は自然で素晴らしかった」。

二、三年ほど滞在する予定が、間もなく半世紀に及ぼうとしている。無論、日本語は流暢なものである。

帝国ホテル支配人であった犬丸徹三がマッカーサーから直接指示され、同乗して都心を案内した話はよく知られている。その日のうちに第一生命保険会社が接収され、総司令部に充てられることが決定した。帝国ホテル自体も接収され、進駐軍高級将校などの宿舎として提供されている。

間もなく社長に就任した徹三を父に持つ**犬丸一郎**（同ホテル社長・総支配人）は、「カムカム英語」放送開始のころ、大学に在学中で、バンドに熱中し進駐軍に出入りしていた。第一放送の夕方六時からは「ジャズのお家」という音楽番組があったが、これにも仲間と出演していた。従って、直後の六時半から放送された「英語会話」はよく知っている。が、熱心に聴いていたのはむしろ、当時聖心小学校生徒で二十九年に結ばれる伊津子夫人（後出・小林陽太郎の妹）であったという。

犬丸一郎は二十五年、サンフランシスコでホテルに勤務しながら大学に通う。講和条約締結の日本全権の滞在中は、これを世話する役に就いた。

平川に初めて会うのは、二十八年に帰国した後、東京ローンテニスクラブにおいてであった。間近で話してみると、ラジオで聴き、NHKで遠くから眺めていたときの有名人の印象とは異なり、気さくで洒脱《しゃだつ》な人であったという。

國弘正雄（参議院議員・国際ジャーナリスト）は、「カムカム英語」の最初の放送を「くたびれていて、叩かないと聞こえない」ラジオで聴いた。兵庫県立第一神戸中学校三年生であった。それまでのラジオは、空襲警報や大本営発表、棒ダラの配給のお知らせといった暗い情報しかもたらしていなかった。新聞も、果たして無事に冬が越せるか、飢え死にする人はどれだけいるかの予想さえしていた。米軍の住宅だけは夜中まで煌々《こうこう》としていたが、街は真っ暗だった。

そんな時代に現れたのが「カムカム英語」であった。國弘は今も、あの明るさをありありと思い出すという。あの時間だけは、一陣の涼風が吹き、一輪の大きな花が咲いたように感じている。あんな明晰《めいせき》な英語を日本人がしゃべることなど想像を超えていたが、今思うと、エロキューション（雄弁術）を身に着けていればこそだった、とも回想している。

國弘は早い時期に一度、平川に会っている。神戸の栄光教会に平川が来ることを知り、一人で出かけている。中学の四年生か五年生であったらしい。たくさんの人とともに講演を聞き、サインをもらい、一緒に写真も撮った。

また、放送の中で、ゲストで登場したニコルス大佐夫人に「手紙を取り次いであげる」との平川の呼びかけを聞き、國弘もこれに応じている。そして、実際に返事を手にした。「人肌のぬくもりのあるシーンであった」と回顧する。

國弘があらためて平川に親しみを感じるのは、しばらく後のことである。NHK教育テレビのトークショーを持ち、ライシャワー（元駐日大使）やハーマン・カーン（未来学者）らをゲストに迎えて進行する番組に携わっていたころ、知人を介して平川の伝言を受け取る。「あの番組は大変に結構なものです。これからもがんばってください」という内容であった。國弘は光栄に感じ、何よりも励ましになったという。

あのころ、本気で英語を志した者にとって、「カムカム英語」は必ず通らなくてはならない道であった、とも語っている。

「カムカム英語」は、時にはその人のつらい場面と併せて思い出されることもある。将来を嘱望《しょくぼう》されながら急逝した兄の思い出とともに、ほろ苦い思いを抱くのは**芦田淳**（デザイナー）である。

八人兄弟の末っ子であった芦田は、父が亡くなった後、親代わりの兄たちに面倒を見てもらう。「カムカム英語」は朝の再放送を、家族と離れて暮らす三番目の兄と二人で朝食の時間に聴いた。兄は東京大学医学部の出身で、厚生省のエリート官僚であった。当然、芦田が持ち帰る学校の宿題など、解けないものはなかったらしい。〝出来の悪い〟弟には、つい厳しい矛先が向く。ラジオからの平川の問い掛けにすぐ答えられないときなど、たちまち餌食《えじき》にされ、とても食事をしていられるような状態ではなかったという。

これより前の昭和十七年八月、戦時交換船から浅間丸に乗り継いだ抑留者の一行が横浜に到着しているが、ここには野村・来栖両大使らに交じって、戦後間もなく文部大臣を務めた前田多聞の随員として芦田の長兄がいた。このとき持ち帰ったものは、最新の電化製品や衣服をはじめ、アメリカの文化そのものであった。一冊の雑誌から想像するアメリカは、まるで別世界であった。

このことも、間接的なきっかけの一つになったのであろう。官僚一家という家風に対する反発があり、「楽しい仕事がしたい」と願う芦田は、戦後しばらくしてファッション・デザインの世界に入っていく。いわば、わが国の草分けであり、今や国際的な舞台での活躍が知られている。「カムカム英語」に良い思い出はないが、英語は仕事に不可欠の道具として十分に身に着いている。

國弘正雄の言によると、「正確で、流麗で、ニュートラルで」「日本人の中で一番きちんとした英語を話す一人」が**小林陽太郎**（富士ゼロックス会長）である。ロンドンで生まれているから「条件が違う」とも言い添えたが、小林は実は生後八か月で帰国している。従って、英語の基本条件は同じである。

むしろ、慶應義塾普通部のころ、英語は嫌いであったという。英語に親しむようになったのは、好きだった映画と野球、それに「カムカム英語」の影響が大きかった。外国映画はよく見たし、アメリカの野球の書籍や雑誌にも目を通した。「カムカム英語」は実に英語らしく聞こえ、ゲスト・コーナーも楽しかった。テキストを学校に持っていき、教師に「アメリカじゃ、そんな言い方しませんよ」と生意気を言う材料にも使ったという。

高校生になってから、個人的に英語のレッスンを受け、大学二年生のときに東京ローンテニスクラブに入会し、外国人とコミュニケーションをする機会も多くなった。昭和三十一年から二年間、アメリカのビジネススクール・ウォートンへ留学している。

英語とごく自然に付き合えるようになったと認識し得たのは、三十歳のころ一年ほど駐在したロンドンでの生活を経てであったという。

東京ローンテニスクラブでは、平川が理事長のときに理事を務めているが、それは英語に親しむ一つのきっかけとなった「カムカム英語」の放送開始から二十四年後である。

伊藤忠商事社長の**室伏稔**は平川とは面識こそなかったが、大きな影響を受けたという。

終戦のときは静岡県立沼津中学校三年生であった。中断はあったが、戦争中もきちんとした英語の授業を受けている。従って、「カムカム英語」は最初から、興味を持って聴いたという。しかも、平川唯一の模範的な生徒であったらしい。

ラジオを聴くだけでなく、繰り返してやることが大事という平川の言葉を、忠実に実行した。幹をしっかりさせると、枝葉がついてくる。そうなると余計面白くなり、一層学習に集中できた。通学の汽車の中では、米兵を相手にしばしば実戦も試みた。全く違和感なく英会話に入っていけ、「読む」「書く」「話す」言葉の三条件がバランスよく身に着いたという。高校三年生のときには、運輸省の通訳試験も難なくパスしている。

東京大学二年生のとき、ESS（= English Speaking Society）の委員長を務めている。卒業したら海外へ行きたいと思い、その通りの仕事に今日まで一筋に進んできた。

社内で英語を公用語に決めたのは室伏である。国内の経営会議であっても、英語でプレゼンテーションをしてよいという。国際人たれ、それにはまず言葉ができて、相手国の文化がわかることが不可欠――という室伏の言は、「カムカム英語」以来の実際の体験に裏打ちされて、重みを持って聞こえる。

東京大学ESSで室伏の後輩に当たる**橋本徹**（富士銀行頭取）は、平川の出身地に近い岡山県高梁町《たかはし》（現高梁市）で終戦を迎えた。小学校五年生のときである。「カムカム英語」を聴き始めたのは中学生になってからであるが、相当に熱心であったらしい。先生と友人と橋本の三人は特に一生懸命で、「一度、平川先生をぜひ呼ぼう」と話し合っていた。それが実現するのは県立高梁高校一年生のとき、昭和二十五年のことである。この英語祭（高梁カムカム大会）では、平川の前でシェークスピアの英語劇「ヴェニスの商人」を上演し、橋本はシャイロックに扮している。銀行マンになるとき、これを思い出して「シャイロックのような悪徳金貸しにはならないぞ」と誓ったというのも、楽しい話である。

また橋本は、香川・広島・岡山三県の「高校弁論大会」に出場し、優勝している。それが縁で結ばれたのが、三位に入賞した夫人である。

大学に入ってから、未来の夫人を伴って平川家を訪れている。そのとき「一度ラジオに出ないか」と誘われ、出演したことがある。

卒業したら英語を生かす仕事に就きたいと思ったが、その一番の候補は外交官であったという。ところが、当時の富士銀行はロンドンに続いてニューヨークに支店を開設した直後で、知人から「銀行もこれからは国際化の時代だ。国際業務を育てていくのもやりがいのある仕事だ」と誘われ、決断する。社内に留学制度ができる前の三十四年、入行三年目の橋本はフルブライト留学生の試験にパスし、アメリカを体験する。

「平川先生は英語を教えることに大変な情熱をお持ちの方だった」と言うが、その情熱がベイビーたちの夢の実現に少しでも役立ったことは、平川の最も大きな喜びであった。

渡部昇一（上智大学教授）は、『文藝春秋』昭和五十五年九月号に「『カムカム英語』の名講師平川唯一健在なり」を書いているが、ここには渡部自身の「カムカム英語」体験とともに、ラジオの前の光景が生き生きと描かれているので、一部を転載させてもらおう。

……目の前に時々現われるアメリカ兵と話してみたいと思う人が沢山いることも確かである。われわれの中学でも英会話クラブを作った。そのクラブに一人抜群に英語の上手な男がいた。たまたま彼の家に遊びに行って碁などやっていたら、彼が「ちょっと待ってくれ」という。そしてラジオの前に行って腹ばいになり、耳に手を当てて何かを聞いている。十五分ほどして彼は「失敬」といってもどってきた。何を聞いていたのか、と言ったら英会話のラジオ講座を聞いていたのだと言う。俄然、彼の英語がなぜ異質に上手なのかわかった。彼は平川唯一氏のカムカム英語を毎晩ちゃんと聞いていたのだ。

平川氏のカムカム英語はすでに有名であった。そのテーマ・ソングの〽カム　カム　カム　エッヴリバディ……というのは私も歌っていた。しかし毎晩その放送を聞いていた人間を実際に知ったのはその時が最初である。その友人が極めて英語が上手で、中学生でありながら通訳などもやっているのを知っていたので、「俺もやろう」と思い立った。こうして全国数万か数十万かの人たちに加わって、私もカムカム英語を習い出した。

平川さんは声がよく、テキストの内容は明るくユーモアがあった。戦後の明るい気分によく合っていた。敗戦国が明るいというのは今から考えると甚だけしからんことであるが、実際に明るかったのである。『青い山脈』や『自由学校』が明るいように明るかった。平川さんのカムカム英語を聞いていると、平和が日本に来たことが実感された。そして平均的日本人の理想は、アメリカン・ウェイ・オブ・ライフになる。カムカム・クラブというのもできたと記憶するが、実際何をやっていたのか知らない。大学に入ってからはラジオもなかったので、カムカム英語とは縁が切れた。気が付いた時はラジオの英会話は別の人が担当していたが、平川さんのように英語に関心のない人も知っているというような名物講師は二度と現われなかったようである。

田崎清忠（横浜国立大学教授）にとって、「夢をなくしたとき、英語があった」。昭和三十六年から実に十六年間にわたり、ＮＨＫ「テレビ英語会話」講師を務めた田崎の名は、団塊の世代以後に広く知られているが、その出発点はやはり「カムカム英語」であった。

都立航空工業学校を卒業したら飛行機の設計をやりたいと思っていたが、学校も自宅も空襲で焼け、茨城県古河に疎開する。放送が始まったとき、「これだ」と思ったという。古河工業高校から、方向転換して英語を目指したが、東京高等師範学校（現筑波大学）の受験は教師からも「こんな田舎からは無理だ」と言われた。しかし、首尾よく文科三部（英語）に合格する。

相当のめり込んで、平川の声の出し方までまねをした。高校の同級生からは「平川先生にそっくりだ」と言われたという。大学時代の田崎をよく知る小笠原林樹（元文部省主任調査官）は、当時、田崎が「第二の平川唯一になる」「今は平川英語の時代だが、いずれ田崎英語の時代が来る」と〝豪語〟していたことを覚えている。

昭和三十一年、八百人の応募者の中から十人の一人に選ばれ、フルブライト留学生として渡米する。國弘正雄が〝日本再建に必要な貴重な外貨〟を五十ドルしかもらえないで出発したのに比べれば、五年後の田崎は恵まれている。勉強に専念できるよう、月に二百四十ドルの奨学金が支給され、節約したので視聴覚教育用器材も買ってこられたという。この折に学んだ成果が『英語科視聴覚教育ハンドブック』(大修館書店)になり、認められてNHKに起用された。

田崎が平川と初めて会うのは、「テレビ英語会話」にゲストとして招いた折である。番組を担当してから四、五年が経過している。なぜそんなに後になってしまったのか、今もってよくわからないという。「きっと恐れ多かったからだと思う」とも言っている。

平川がスタジオに入ってきた途端、田崎の胸にこみ上げるものがあった。二言、三言、話をしたら、「ああ、この声だ」と涙があふれてきた。「平川先生のことを考えただけで、つい少年に帰ってしまう」「平川先生がおられなければ、現在の自分はない」「ほかに見向きもせず、平川唯一になり切ろうと、私ぐらい幸せな英語生活の時代が送れた者は、ほかにいないだろう」――過大な「カムカム英語」賛辞にも聞こえるが、権威の率直な言葉に、往時の若者たちの息づかいが一層リアルに伝わってくるのである。

昭和二十八年十二月二十五日の「カムカム英語」に一人のゲストを迎えている。平川はその三日前からDo you know what our Christmas present is going to be? と言って、聴取者にヒントを与えている。第一ヒントは「今年、二十歳です」である。続いて「この金曜日に差し上げるクリスマス・プレゼントは歌手です。甘いけれどお菓子ではありません」、第三ヒントは「明日のクリスマスの贈り物は、天皇陛下の御用邸のある場所に関係があります」であった。

既に知られていたジャズ・シンガーの**ペギー葉山**を当てさせるには少し単純に過ぎるが、そこにかえって、NHK当時からの熱心なベイビーを迎える平川のうれしさが表れている。ペギーはクリスマスのこの日、平川と総ざらいのやりとりを英語で行った後、「ホワイト・クリスマス」を歌っている。

その後もペギーは、カムカム大会やさまざまな催しにしばしば快く出演している。平川は、そのたびごとに歌手としての成長の跡を見せる彼女に、目を細めていた。「南国土佐を後にして」は昭和三十年代の大ヒットであるが、その折に平川は久しぶりに歌詞の英訳を試みている。『サンデー毎日』昭和四十七年八月二十九日号の「才媛スターの創作劇場」には、ペギー葉山自身の生き生きした筆致で、二十年代に歌手への道を歩んでいく一人の少女が描かれている。

「……私はこの番組で習った英会話を活用する事によって一つの人生を開いたといっても過言ではありません。前の晩のテキストで覚えた英会話を翌日岩下さん（ロサンゼルス生まれの友人）に話しかける、彼女が答えてくれる。『ああ、私の英語が通じて会話が出来た』という喜び!!

……進駐軍専用車に私はそ知らぬ顔で乗り込むと、アメリカ人と会話を試みるという冒険までやってのけたのです。思えば私は、英語を喋《しゃべ》るという事に対しては超ウルトラ級の意欲と度胸の持ち主だったのでしょうか」

丸山一郎（習志野バプテスト教会）は、文字通り平川唯一の最後まで最も近くにいたベイビーの一人である。

二十年三月十日の東京大空襲で江戸川区小松川の住まいが半焼した丸山は、それでも千葉県立市川中学校に入学し、一学期は通学するが、ついに疎開することになる。縁故を頼って行ったのは長野県、転校先は県立須坂中学である。どこでも疎開っ子はひどくいじめられたが、内気で口べタな丸山少年は、それで一層無口になっていったらしい。英語の成績もガタ落ちであった。「カムカム英語」は、放送が始まって一、二か月したころ、誰かに面白いと聞いて始めたという。難しくてやめたくなっていると、決まってラジオから励ましの声が流れてきた。そのうちに、仲間が集まってクラブを作った。すると、急に英語が面白く感じられるようになり、友達も増えて、いじめられることもなくなっていった。金曜日の夕方四時二十分発の列車に乗ると、志賀高原に保養に向かうGIたちが乗り込んでいた。彼らに話しかけて勉強したのもそのころである。

長野には中学三年の途中までいて帰京し、都立三中（現両国高校）に転校した。校長にお願いしてすぐに英語クラブを作り、地元の小松川でもクラブ結成の呼びかけを行っている。書店にポスターを置いてもらうと、反響を呼んで中学生・高校生・大学生・社会人などが集まってきた。新聞に写真入りで取り上げられると、さらに増えた。会場として提供してもらった警察署の講堂は冬になると底冷えがして出席者が三人に落ち込んだこともあったが、継続するうちに定着した。

その後、小松川カムカム・クラブは週二回、小松川小学校の教室を借りて開くようになった。特に指導者はおらず、持ち回りで務める進行役がゲームや寸劇などのお膳立てを行った。ゲストもしばしば招いたが、日本語交じりの英会話がメンバーの間で珍しくなく、レベルは決して高くなかったようである。それでも二十九年十一月には、江戸川区の最初の社会教育モデルとして表彰を受けている。地域に密着した自主的で継続的な活動は、その当時、決して多くはなかったであろう。

そのころ、仲間とともにNHKのスタジオを訪れている。特にゲストを迎える総ざらいが見たかったという。頻繁に訪れ、一生懸命見ている様子に平川も目を留めたのであろう。あるとき、メトロ出版社の社員に声をかけられ、カムカムの全国大会を開くことに話がまとまっていく。

高校生のとき父を失った丸山は、夜間に転じて働きながら通学している。そのときにも「カムカム英語」だけは聴き逃すまいと、教師に話して特別に許可してもらい、近所の電器店に飛び込んで放送を聴かせてもらったという。

誘われてメトロ出版社で一年半ほど勤務した後、三年ほどは平川の近くにいて手伝いをしている。ファンレターの整理であったり、テキストの編集や出版社との調整などである。もっとも、主たる収入は英語を教えたり、他のアルバイトで得ていたらしく、「カムカム英語」はあくまでも好きな道だったのである。

あるとき、法律を勉強しようと中央大学の通信教育を受講するが、二年でやめ、神学校へ行く。丸山は、平川が放送原稿を書いているときの書斎や、放送が始まる前のスタジオで、一心に祈っている姿を目にしている。そんな影響があったのかもしれない。

丸山は一種運命的な出来事に巡り合う。「カムカム英語」の記事がアメリカの新聞に出て、アメリカの人たちと文通したい日本人のいることが紹介されると、千六百通もの文通希望がアメリカから来た。これを整理し、受講者に斡旋《あっせん》する仕事を担当したのは丸山である。そのうちの一人は八歳の少女で、文通希望者が全く見つからなかった。やむなく、丸山が相手をする。間もなく少女は飽きてしまい、代わってその母親ミセス・クレイニングが丸山の文通相手になる。

少女の祖父はミスター・スパイカーといい、サイクロン・シードソウワーという従業員百人ほどの種まき機製造会社の経営者であった。その人が丸山に、「あなたがアメリカで勉強したいのなら、応援したい」と申し出たのである。丸山が伝道者になるためにアメリカに渡るのは、昭和三十六年のことである。

彼は平川から「英語だけでなく、精神的に大きなもの、伝導者になるきっかけを与えられた」と言う。カムカムで覚えた英語には、温かみやユーモアがある。娘には「お父さんの日本語はボソボソして聞き取りにくいのに、英語だとどうしてそんなにわかりやすいの」と不思議がられるという。生きた英語とは、どんな相手とでも打ち解けることのできる英語である、というのが丸山の実感である。

竹前栄治（東京経済大学教授）は、須坂中学で前記の丸山一郎と同級生であった。「カムカム英語」を知って、勇気とバイタリティがわいてくるのを感じ、熱烈な平川ファンになったという。

学生をスタジオに招いて

当時、竹前は陸上競技部員であったが、放送の時間だけは練習を中断して、学校の宿直室のラジオに仲間とかじりついて放送を聴いた。練習のない日は放送に間に合うよう、六キロの道を下駄を手に、素足で走って帰り、間に合いそうもないときは近くの商店や民家に飛び込んで、放送を聴かせてもらった。

丸山一郎が東京でクラブを結成したことを聞いて、竹前も同じような活動を開始する。すぐに二十数名が集まり、竹前は代表者になる。他のクラブとの交流も企画し、特に女子高のカムカム・クラブとの交歓会は大好評を博したという。

毎日曜日は、本場の英語に触れる機会であった。握り飯持参で、当時接収されていた進駐軍用ホテルの門前で出入りするアメリカ人を待ち構え、話しかけるのである。

高校二年生のとき、県内のカムカム・クラブ支部に働きかけ、長野カムカム大会を開催する。参加者は千人を超え、会場の外にまであふれる盛況であった。これには東京から平川夫妻のほか、仲間の丸山一郎や降旗健人も駆け付けている。

竹前はその後、東京教育大学（現筑波大学）を経て米国留学を果たし、占領史研究の新分野を開いていく。一時期、世田谷区太子堂の平川家に身を置いて次世代の指導にも当たったことがあるだけに、内外から「カムカム英語」をよく分析している。

『占領戦後史』（双柿社）では「戦後デモクラシーと英会話」の一章を設け、「カムカム英語」の役割を論じている。そこで、従来見落とされていた「ドラマチックな民主化」ではない側面、すなわち「生活の中からの民主化」の側面の分析の重要性を考えるとき、「生活の中から自然にデモクラシーが育つこと」を意図した平川英語＝「カムカム英語」の果たした役割は、戦後デモクラシー発展史の中で正当に評価されてしかるべきではなかろうか、と主張している。

降旗健人（国際デジタル通信社長）もまた、カムカム・クラブの優れたオルガナイザーの一人であり、自ら、生きた「カムカム英語」を実践してきた。クラブ名の「ゴーゴー」には、「カムカム」に対応し、英語を勉強してアメリカへ「ゴーゴー」する意味を込めていた。その集まりは旧交を温める会として今も続いている（相互に当時のニックネームで呼び合うのだという）。しばしばゲストで訪れていた米空軍曹長ミスター・ジャービスを、ゴーゴー・クラブでは四十数年ぶりに夫妻で招いた。このような人間的な触れ合いの根っこの部分に「カムカム英語」があることを聞ければ、平川唯一にとっても本望であったろう。

降旗は疎開先の長野県松本市で終戦を迎えた。三、四か月して進駐軍を見たのは松本中学四年生のときであったが、英語のレベルは一年生程度であったという。初めて見る外国人を人々は遠巻きにしていたが、降旗は勇気を奮って近づいていく。しかし、英語は通じるどころか、全く聞き取れなかった。

東京に帰ってきたのは、「カムカム英語」が始まって一か月ほどしてからである。放送を聴いて、アメリカ人の英語と同じだ、これで勉強すれば外国人と話せるようになるかもしれないと思ったという。

楽しく覚えて、使えるようになるには同好の士をつくりなさいと、平川の呼びかけが行われる。

それにはどうしたらいいか——。放送を聴いている人なら、たいていテキストを買っているに違いない。住まいに近い世田谷区下北沢の書店で聞くと、毎月数十冊が売れているという。そこで、テキストにチラシを入れさせてもらうことにした。

何か月か続けると、反応が出てきた。参加した人が、次には友人を連れてきた。メンバーはたちまち三十人、四十人と増えていった。それまではメンバーの家をその都度会場にして、転々としていたが、とても収まり切らない人数になり、算盤《そろばん》塾を借りることにした。

メトロ出版社を訪れ、『カムカム・クラブ』にも取り上げてもらった。横とのつながりができ、小松川支部の丸山一郎を知ったのもそのころである。

平川の住まいが近くにあることを知り、ラジオで声を聞いているだけでなく、「平川先生に会いに行こう」となった。確か日曜日であったが、代表数人で訪ねると、夫人が紅茶でもてなしてくれた。平川の印象は、放送で聴いて想像していたよりも「十歳ぐらい年上に思えた」。ちょうど翌週の練習をしていたのを見せてもらったら、「これは大変なことだ」と全員が驚いたという。

帰って、訪問の様子をメンバーに報告すると、みんなエキサイトして、「今度はぜひ先生に来てもらおう」となった。カムカム・クラブ世田谷大会は、二十ほどあった区内のクラブが連合で駒沢大学を会場に開催しているが、これに平川を招いている。その後、丸山らとともに東京大会の開催にも力を尽くしている。

『カムカム・クラブ』二十五年二月号には「学生生活を語る——日米学生座談会」に丸山らと出席、英語で討論をしている。また、十二月号には座談会「英会話と私たちのクラブ」が掲載され

ている が、千葉支部・ホーム支部・エーコン支部・ロビン支部・メリーエンジェル支部・ラッキー支部・ニューハッピー支部・カムレッド支部・KIF支部・横浜支部など、当時活発な活動を展開していた支部代表者に交じって、小松川支部の丸山とゴーゴー支部の降旗が参加している。

後に平川が講演などでベイビーたちの話題に及ぶとき、必ず挙げたのが降旗らの名であった。「平川先生の英語に出合えたおかげで、英語にも興味がわき、面白い仕事ができた」と降旗はインタビューを締めくくった。しかし、その国際的な舞台での仕事は、まだまだとどまるところを知らないようである。

「戦後の英語教育理論のどれにもまして、単純明快な平川方式が最高の教授法」と考える**福田昇八**（熊本大学教授）は、後に『みんなのカムカム英語』（毎日新聞社）と『カムカム英語　NHKラジオテキスト英語会話復刻版』（名著普及会）の出版のきっかけを作った。

福田はNHKのテキストでいえば、第十五号から最後の第五十四号まで、停電で聴けないとき以外は一回も欠かさず熱心に聴いたという。二十四年秋、熊本県立人吉高校二年生のときに語学部という名のカムカム・クラブ支部を作り、初代リーダーになる。「カムカム英語」がいかに役に立つかを実感し、これをともに学ぼうと校内に呼びかけたのである。

学校内カムカム・クラブは珍しくないが、このクラブは強いリーダーシップの下に熱心な錬磨が行われた点が特筆される。テストもあったという。クラブ活動は併せて大学受験にも直結していたというから、メンバーの結束も固かったのであろう。「カムカム英語」をともに学ぶために出発したクラブは、人格養成の場であり、豊かな人間関係を築き、青春の思い出を形成する場ともなっていったのである。

福田は『話せない英語教師』（サイマル出版会）や『語学開国』（大修館書店）の中で、専門の立場から英語教師の現状の問題点を突き、その解決策を建言している。また、実際に英語教育振興の実践も行っている。「カムカム英語」の復権を強く望んだゆえんであろう。

時を隔てても、平川唯一の精神は確かに伝えられているのである。

これまで見てきたように、「カムカム英語」は、大げさに言えば、それぞれのその後の人生を変えた。少なくとも、あの時代に聴く者の心に何かを与えたことは間違いない。

矢幡賢治《よしはる》（新使徒教会主任牧師）は、生前の平川唯一に会えなかったことを残念がる。しかし、昭和五十七年に『夢は正夢――一英語少年の歩み』と題する随想録を贈られたとき、平川はカムカム・ベイビーがここにも一人いて確かな足跡を残していることを知るのである。平川の死を新聞で知った折も、弔意を寄せている。ベイビーたち一人一人の師に対する思いは、今回の取材でも、面識のあるなしにかかわらず、いまだに熱いことを痛感したものである。

矢幡は昭和七年、茨城県行方郡太田村（現麻生町）に八人兄弟の末っ子として生まれた。終戦時は、国民学校高等科二年である。翌年、学制改革によって新制中学三年に進級するが、高等二年で学校を終えた者も少なくなかった。このころまで、地域には電灯がともらず、石油さえ手に入らず明かりに苦労したという。また、住まいは高台にあって、生活用水を得るのに、天びん棒を担いで坂道を上り下りするのが日課であった。

電燈が設置され、ニューギニアから復員してきた長兄が組み立てたラジオで「カムカム英語」が聴けるようになったのは、二十二年である。

ある日、進駐軍が来るという話を聞いて、藪《やぶ》の中で息を殺していると、ジープが近づいてきて、バリッとした身なりの数人の米兵が何事か軽妙に話しながら走り去っていった。かつての〝鬼畜米英〟が、見てみると、名状し難い印象を少年の心にもたらしたのである。「よし、オレもいつかあんな英語をしゃべれるようになるぞ」――訳もわからず、心に誓ったという。

この決意は終始変わらず、矢幡の精神の原動力となっていった。山仕事や野良の手伝いに行くときも「カムカム英語」のテキストを離さず、暇さえあれば練習に没頭したという。ちなみに、今も暗誦しているスキットを披露してもらうと、まさしく口まね遊びで体得した平川英語そのものであった。

高校卒業後上京し、マーカンタイル・バンク・オブ・インディアというイギリスの商業銀行に就職、仕事を終えてからも英語を磨くことを心がけた。断られるのを覚悟で、進駐軍として来日していた近くの二世の家を片っ端から訪ねたこともあった。

あるとき、電車の中で一人のＧＩに話しかける。Would you mind correcting my English?（私の英語を直していただけませんか）。彼はヴァーン・Ｅ・ユーランダーといい、勤務のかたわらキリストの福音を伝えていた。丸山一郎もそうであったが、平川の周囲には導かれるように信仰に入っていった者が見られる。矢幡もこの後、伝道を自らの終生の使命と決める。

私立目黒高校、明治学院中学・高校の英語教師を経て、矢幡は新使徒教会の仕事に専念する。英語を使う機会も少なくない。進駐軍兵士を見て抱いた〝大志〟は、「カムカム英語」を経て、なおも持続しているのである。

7

平川唯一の軌跡

七つ泣き飼い

平川唯一《ひらかわただいち》は明治三十五年（一九〇二）二月十三日、岡山県上房郡津川村大字今津九六三番地で、祖定二郎と民のの間に三人兄弟の次男として生まれた。父三十五歳、母二十三歳のときである。祖父母とも健在であった。唯一は本名であるが、長男ではない。兄は隆一《たかいち》といい、四歳年長の明治三十年十二月二十日生まれである。弟は離れて大正十五年（一九二六）十月十日に生まれたが、二歳に満たず事故で亡くなった。二人の兄とは一緒に暮らすことなく逝ったことになる。

津川村は、現在は高梁市になっている。昭和二十九年（一九五四）五月一日、上房郡高梁町・川面村・巨瀬村、川上郡のうち玉川村・落合村・高倉村・松原村・宇治村とともに合併し、高梁市が誕生したのである。現在の国道一八〇号は、高梁（旧藩時代は松山と呼ばれた）から新見へ通じるかつての新見往来である。今津はその途中にある。陰陽連絡鉄道としての伯備《はくび》線の開通は昭和三年十月二十五日であり、唯一の少年時代にはまだ鉄道の便利に浴してはいない。物資の輸送はもっぱら牛馬か、高梁川を行き来する高瀬舟によっていた。

現存する津川尋常小学校の「学校手牒」には、学科として「英語」が印刷されているが、斜線で消され、学習した形跡は全くない。尋常科三・四・五・六学年は「手工」があり、高等科になるとこれに代わって二年間とも「農業」の授業があった。

昭和四十九年一月二十四日のＮＨＫラジオ「人生読本」第一回の中で、平川はこのころの自身について回想している。

「山奥の農村でも、二、三の同級生は小学校の六年を卒業すると同時に、高梁の中学校に進学していきました。これを見て、どんなにうらやましく思ったかわかりません。もちろん本人の私が飛び抜けた秀才だったら、無理をしてでも中学にやってもらえたと思うんですが、何しろ学期末の通信簿には、思い切って丙をもらうほど図太い勇気もなかったし、そうかといって甲をもらうほど冴えた頭も持っていなかったらしくって、いつも乙ばっかり。……ただおとなしいだけが取り柄で、何もひらめきのない平凡な子供だったことは確かです」

実際の成績は、確かに第三学年のときには「唱歌」を除いて学年間成績は乙であったが、次第に甲乙拮抗《きっこう》するようになり、高等科第二学年の卒業時には「日本歴史」の乙を除き、十学科すべて甲であり、甲卒業・優等賞と記されている。いわゆる奥手であるものの、次第に頭角を現してきたことがわかる。当時、中学校へ進学することはきわめてまれであり、よほど恵まれた環境でなければ、実現はかなわなかった。それにしても、進学したいと願う気持ちは切実であったと思われる。

大正五年、十四歳で高等科を終えると、そのまま家業に就く。家業とはいってもごく平均的な農家であって、生活の糧を得るために、どんな仕事もやらなくてはならなかった。平川家は高梁川に臨む高台にあり、背後に持ち山が控えている。田畑は近隣に小さな単位でここが何畝、あそこに何畝と散在していた。戦後になって、岡山市に居住した兄の隆一が不動産を処分したときには数反歩であったというから、当時でもこれを超えることはなかったのであろう。

今は耳にすることもないが、唯一の少年時代、「七つ泣き飼い」という言葉があったという。年端のいかぬ子供であっても、農家では少しでも手が欲しい。とりわけ、牛の世話をするのは子供の役割であった。牛を引いて山に行き、草を食べさせるのである。飼い主に対して従順であっても、子供や女性となると牛は言うことを聞かない。時には角を振って威嚇《いかく》してくる。綱を引いても動こうとしないこともある。子供にとっては、つらい、泣きながら山を上り下りする毎日であったのである。

唯一少年は、牛をつないで草を食べさせている間、年少の子供たちに読み書きや算数、唱歌などを教えることもあったようである。父の定二郎が後に子供を相手に私塾を開いたことがあったというが、教えるということに全く無縁ではなかった。

そのころの生活を「カムカム英語」に関連づけて、次のようにも語っている。

「私が生まれて十六の年まで育ったところはと申しますと、……文化とか英語とか、そういったものには全く縁もゆかりもないところでした。従って、『カムカム英語』には何の関係もなかったかに見えますが、それが実は大ありなんです。

この十六年間の生活はと申しますと、朝はまだ暗いうちから起こされ、山へ草刈りに行ったり、田や畑に出て一日中働いた後、夜は夜でわらじを作ったり、石臼《うす》をひいて粉を作ったりして、十時、十一時ごろまで夜なべをするわけですから、それは厳しい毎日の生活が続いたわけです。まあ、強いて遊べる自分の時間といえば、お盆と正月、それに年二、三回のお祭りのときぐらいのもので、そのほかには日曜日も祭日もないんですから、大変なものでした。

でも、それは近所の子供たちもみんなやっていることですから、別に苦しいとも、ひどいとも思わないで、一生懸命やっていました。このお百姓生活があったおかげで、その後、アメリカへまいりまして約十二年もの間、誰からも仕送りや、援助をしてもらうということもなしで、俗に言う苦学を続けたわけですが、それは私にとっては苦学ではなくて、まるで楽しいばかりの〝楽学〟と言った方がピッタリするような毎日でした。

あるときには、夏休みに稼いで、ためておいた貯金が残り少なくなって、二か月余りも毎日ジャムをつけたブレッドと牛乳だけで食べつないだことがありましたが、それでも子供のころに食べていた食事に比べると、味も栄養もずっと上等なので、別に苦しいともみじめだとも思わないで、結構愉快に、張り切って勉強が続けられたわけです。もしも私に苦しい少年時代がなかったとしたら、おそらく苦学の苦しさに負けて、中途でくじけてしまっていたかもしれません。そういうわけで、英語には全く無関係のようだった少年時代も、やがて誕生する『カムカム英語』のためには欠くことのできない最初の重要な一コマだったような気がいたします」

昨日より今日は素晴らしい、そして明日は今日よりももっと素敵になるという上昇志向は、平川に終生見られたところである。現在を悲観することも、現在に満足し切ることもしない。また過去を思い出の中に固定してしまうこともない。明るい未来に向かって連続する時間ととらえたところに、目に見えない不思議な力が発揮される土壌があったのかもしれない。

アメリカ行きの真の理由

唯一少年が十六歳で渡米するに至ったことは、先の自身の話に出てきた。そのきっかけは父にあった。その辺の事情についても述べている。

「どういうわけで急にアメリカへ行くことになったかと申しますと、実は父がずっと前からアメリカへ出稼ぎに行っておりまして、一度日本へ帰ったことはあるんですが、二度目に出かけていった後、何年たっても帰ってこないもんですから、ある日思い切って手紙を書いたんです。何と書いたかと申しますと、『お父さんがいないので寂しいから、この手紙が着き次第、一日も早く帰ってきてください。もしどうしても帰らないのなら、こっちから迎えにいきます』と、まあ、そんな意味のことを書いて送ったんですね。すると間もなくその返事がまいりまして、『アメリカへ来たいなら、旅費ぐらいは送ってあげるから、やってきなさい』――そう書いてあるんです。

こちらでは、父に早く帰ってくる気を起こさせるのが目的で書いた手紙だったのに、この返事には全く驚きましたね。でも、いろいろ考えた末、父の言う通り、思い切ってアメリカへ行くことにしたのが大正七年（一九一八）。ま、これでどうやら、英語に多少関係ができそうな方向に向かったように見えますが、その時点では、英語のＡＢＣも知らないままアメリカへ渡っていったわけです。しかし、もしもこの時点でひょうたんから駒が出なかったとしたら、おそらく今でも岡山の山奥で立派なお百姓として生き抜いているのではないかと思われます」

父の定二郎がアメリカに行った「ずっと前」がいつごろであったのか特定できないが、就学以前であったことは間違いなく、物心ついてから一緒に暮らしたのは、兄弟の渡米後のわずかな期間である可能性が高い。

「カムカム英語」テキストには、その時々の話題にふさわしい兄弟・姉妹・両親・祖父母などが登場し、情愛あふれる家族の光景がしばしば描かれるが、あれは平川が少年時代から夢に見てきた理想的な家庭像だったのではないか、と推察する向きもある。

明治三十二年から三十六年にかけてのアメリカへの旅券発行数の記録がある。これを見ると、出身県は圧倒的に西日本が多い。アメリカ合衆国に入国した日本人の数が千を初めて超えるのは明治二十四年であるが、この年以後、入国者の中身は大きく趣を変える。もちろん、本当に観光や留学の目的で渡航する者は例外であって、ほとんどすべてが出稼ぎといってよい。岡山県の二千百七十六件は、筆頭の広島県（二万一千八百七十一件）から数えて九番目で、決して少なくない数字である。身近にも、遠くアメリカでの成功を目指した人々がいたのであろう。

後年のことになるが、壽美雄がともに父の郷里を訪れた折、隣家に住む唯一の幼なじみにあいさつに行くと、英語で話しかけられ、「スミス・タワーは今でも変わりないか」などとシアトルの様子を聞かれたという。アメリカへの出稼ぎが当地では珍しくなかった、ということである。

定二郎の渡米の理由は、事業の失敗にあったらしい。父親似と言われた唯一からもうかがえるように、おとなしく、真面目な性格を見込まれて平川家の婿となったくらいであるが、小農であればその展望にもおのずから限界があり、道を切り開く手立てを米穀の売買に求めたようである。目の前を通り過ぎる高瀬舟には常に物資が満載され、輸送には事欠かない。津川の辺りでも高梁へ、そして大阪へ送る農産物が集荷されたのであろう。しかし、当時の米相場は、時に大きく上下する。もくろみに反して傷手をこうむった結果、単身アメリカへ渡った――と推察し得る。

大正七年九月に発給された平川唯一の日本帝国海外旅券を見ると、目的は「父ノ呼寄ニヨリ」とある。まぶたの父に会いたい気持ちは強かったに違いないが、別の折に「母がかわいそうだったので」とも言っている。自分の寂しさもさることながら、気丈に夫の留守を守る母に対して持つ、憐憫《れんびん》の情が勝っていたのかもしれない。

実は、同じ時期に兄の隆一も旅券を取得している。目的はやはり「父ノ呼寄」である。二人とも姓名の上部に「移民」の押印がある。二十歳と十六歳の兄弟がそろってアメリカへ父を迎えに行くというのは、今日ならいざ知らず、いかにも不自然ではある。しかし、「移民」の理由づけとしてなら、これで十分だったのである。

隆一の長女孝子が父から聞いた理由は、全く別のことになっている。それは、定二郎が二人の子供にアメリカで教育を受けさせてやりたいという意思を持っていたというのである。

あり得ることではある。自分がそうであったように、岡山の山間の狭い土地に縛られていては先が見える。子供たちに犠牲を強いるのは忍びない。アメリカでなら、苦労はあるが、志と能力さえあれば成功も夢ではない。多くの一世がそうであったように、アメリカの現実に生きて、子弟の教育に熱心になるのは当然であった。

後に兄の隆一が弟とは別の道を歩み、英会話学校を経て、最後はカンザスシティーのスウィーニー自動車学校に通って最先端の技術を身に着け、帰国後、当時の岡山では珍しい自動車修理を大きく手がけるようになるのも、父の意思が影響していたのかもしれない。

父の考えが兄弟に十分に伝えられていたかどうかはわからないが、父の呼び寄せだけではない大志を抱いて、二人は渡米を決意する。十六歳の唯一少年は身長四尺八寸三分（約百四十六センチ）で兄よりも六センチほど小さく、坊主頭に和服が初々しい。

生きた英語を実感する

唯一はそれまで、蒸気船も汽車も海も見たことがなかったという。アメリカに行くからには英語の辞書が必要になると思い、手には入れたが、英和辞典だけだったので、使い方がわからず、しばらくは用をなさなかった。準備や手続きを終え、神戸の旅館を立ってサイベリア丸に乗り込んだのは大正七年（一九一八）九月七日、大荒れに荒れる太平洋を乗り切ってサンフランシスコ港に着いたのは十月一日である。

父と合流し、ひとまずは南方のロサンゼルスに落ち着くが、やがて転住することになる。唯一の喘息《ぜんそく》には、当地の環境が良くないという父の判断からである。三人が着いたのは、ずっと北のオレゴン州ポートランド。ここは空気も良く、日本の気候によく似ていた。見つけた働き口は、鉄道の線路建設作業員であった。アメリカで従事する日本人の労働はさまざまであったが、概して単純で過酷なものが多かった。特に鉄道工事は森林の伐採・開拓と並行して盛んに行われ、賃金も割合に高かったので、多くの日本人が望んで仕事に就いた。

有蓋《ゆうがい》貨車の内部には台所や寝棚があって、仕事をしながら線路の上を移動した。砂漠の中で枕木を換えた後、貨車の中で眠っていると、機関車が来て、何十キロも離れた森の中に木を切りに貨車を引っ張っていく――そんな毎日であった。決して快適な生活ではなかったが、「それでも岡山のときよりはましでした。でも、東京の暮らしはアメリカのときに比べたら天国です」。後に武田守正に語っている。

アメリカに来るまで、唯一には英語がどういう言葉なのか見当もつかなかった。アメリカに来ても、日本人労働者と集団生活をしている限り、ほとんど日本語で用が足りた。そのために、多くの日本人はいつまでも英語が話せず、同胞だけで固まる循環が断ち切れなかった。

流暢《りゅうちょう》な英語の話せる日本人はきわめてまれで、それだけに、唯一にとってかしらの八谷《やたに》甚四郎は新鮮な驚きだった。英語に対して強い関心を持ったのは、これが最初であったかもしれない。八谷に頼み込んで、毎晩手ほどきを受けるようになったという。「カムカム英語」の基本でもある口まねである。

ある晩、口まね英語の勉強を終えて外に出ると、まるで昼のように明るい満月であった。そこで口をついて出たのが、習ったばかりの単語を組み合わせた moon night であった。すると八谷は、「月夜は moon night ではなくて、moonlight night と言うんだ。それに、感情を込めて言うとしたら、Oh, what a beautiful moonlight! となるね」と教えてくれた。なるほど、自己流の言葉と生きた英語とはまるで違うのだ、と唯一はわかったような気がしたという。

また、ある日の夕方、アメリカ人の監督が見回りにやってきて、仕事をしている唯一たちに何か言いながら八谷のいる方に向かっていった。「グリービン、グリービン」と聞こえはするものの、何のことかさっぱりわからず、後で八谷に聞くと、「それは Good evening.（こんばんは）と言ったんだ」と教えられた。これも、生きた英語を実感させられる一つの体験であった。

古屋商店での英語体験

父定二郎がアメリカを去って郷里に帰るのは、大正九年（一九二〇）のことである。これで家族への兄弟の約束は果たせたことになる。唯一らの説得を父が受け入れた理由にはいくつかの事柄が考えられる。一つは、定二郎が既に五十三、四歳という年齢に達していたこと、もう一つは長年の過酷な労働で十分に借財を償却し、相応の蓄えも残せたであろうこと、さらに兄弟が自立して、勉強できる見通しが明らかになってきたことなどがあろう。

兄弟がシアトルの横浜正金銀行・住友銀行・日本商業銀行などから送金した受取証・領収書などが一部残っており、その早い日付は父の帰国前である。金額は邦貨で三十円、五十円、六十八円などとなっている（当時のレートは一ドルが約二円）。どの程度の頻度かはわからないが、帰国後の定二郎が貸金業などで悠々自適の暮らしぶりであった様子からうかがえるのは、二人がそれなりに貢献していたという事実である。

同じ岡山県出身で、兄弟と同じころ渡米した河原槙恵は、当時の三人をよく覚えている。鉄道会社のオセロで一緒に仕事をしたこともあり、隆一とは後の池田自動車修繕所でも同僚であった。河原は、隆一・唯一の兄弟をともに「正しい性格」であったと述懐している。

いくつかの状況から判断すると、唯一が父や兄と一緒に鉄道の線路建設作業（河原によれば、唯一の任務は機関の掃除であったという）に従事したのは、半年ほどではなかったかと思われる。ポートランドを出て、向かったのはシアトルである。そこで、古屋商店の店員の職を得る。

古屋商店の創立者である古屋政次郎は、アメリカ西北部一帯の日系人社会で、屈指の実業家として知られていた。山梨県に生まれ、明治二十三年、二十七歳でアメリカに渡り、二年後にシアトルに雑貨・食料品店を開いた。時流に乗って発展を続け、全盛期にはシアトルの本店のほか、タコマ・ポートランド・バンクーバー・横浜・神戸・横須賀に支店、東京に出張所を構えた。商店・商社という枠にとどまらず、土地会社・工事会社・郵便局・銀行・印刷所も併せ持つ小型コンツェルンであったという。

しかし、昭和六年十月、古屋商店は突如倒産した。原因としては、多角化の破綻《はたん》とか、排日を目的にグループの銀行から一斉に預金引き出しがあったことなどが挙げられる。

唯一が就職した当時は依然右肩上がりの時代であり、政次郎自身が陣頭指揮に当たっていた。古屋は社員教育にも熱心であった。「正直であれ」がモットーで、「給料は安かったが、金に換えられない世間の信用がついた」と言う元社員は多い。

第一メソジスト教会の熱心な信者であった古屋は、キリスト教の精神を身に着け、キリスト教の愛をもって客に接するよう、毎朝八時からの四十五分を朝礼に充てた。平川の信仰はここでの体験と古屋の影響が、まず最初にあったのかもしれない。

平川は初め、ベースメント（地下室）と呼ばれる倉庫の作業に従事した。ここで認められると店舗に上がって、販売員になるのである。

そのころ、アメリカで働いて生きていくには英語が不可欠であることを痛感していたようである。古屋商店で毎晩行われる英語教育にも進んで参加していた。

店と寄宿舎の行き帰りに、格好の機会を見つけた。そこは刑務所であった。通るたびに、足音を聞きつけた囚人たちが高い塀の向こうから「ハロー、ゼア」などと声をかけてくるのである。そのうちに、顔の見えないことをいいことに、習い立ての会話を試すことにしたのである。そんなことがしばらく続いたある日、とうとう看守に見つかり、さんざん油を絞られてしまう。平川少年にとっての「大事な話し相手」を失ってしまったわけである。

販売員になると、アメリカ人客も多く、日本人でも英語交じりで問いかけてきたりするので、英語ができなくては全く仕事にならない。あるとき、初老の女性の接客を唯一が務めていた。しかし、何べんも聞き返し、いろいろ言ってみても、全く通じなかった。それをたまたま目にしたのが、社長であった。

「平川、オフィスに来なさい」と呼ばれた。

古屋も英語を話すことはうまくなかったらしいが、社員の力不足には容赦ない。「もう少しベースメントにいなさい」ということになった。

こんなことではいけない、この程度の勉強ではきっとうまくなれない、やはり学校に行かなくては、と発奮したらしい。

古屋商店も半年ほどできっぱりと辞める。

十七歳の小学校一年生

勉強に専念するために古屋商店を辞めた平川は、大正八年（一九一九）九月、入学を果たす。といっても、高校や大学ではなく、小学校である。英語ができない以上、背伸びをしても仕方がないという気持ちがあったのであろう。スーウェド・スクールに入ったときは、「これがその後十二年間も続く〝苦学〟生活の始まりになろうとは、全く考えてもみませんでした」と、後に回想している。

勉強に専念するには、生活の保障がなくてはならない。平川はハモンド家にスクールボーイとして置いてもらう。スクールボーイとは、いわば書生のようなもので、学校へ行かせてもらう代わりにその家の手伝いをするのである。食事と部屋が与えられ、週に二ドル五十セントの手当がもらえたという。料理ができればもっと条件は良かったが、これだけでもありがたかった。

小学校では日本人はただ一人、しかも六、七歳の子供と机を並べるのである。しかし、格別の違和感はなかったらしく、一緒になってよく遊んだという。せがまれて鉄棒などをやって見せると、子供たちはびっくりして拍手をしてくれた。

日本人に対するアメリカ西海岸の人々の敵意は、まだ日本人移民の少ない時期から始まっていた。一九〇〇年代に入ると、それははっきりとした形となって過熱した。一九〇六年にはサンフランシスコ教育委員会が、日本人と朝鮮人の学童を公立学校から締め出す動きを見せている。移民に対する制約も厳しさを増し、一九〇八年夏には日本政府も合意した紳士協定が発効した。一九一三年、外国人土地所有禁止法（排日土地法）がカリフォルニア州議会で成立した。一九二一年には写真花嫁（写真や手紙による見合い結婚）への旅券発給が停止になり、一九二四年の移民法で日本からの移民は完全に締め出されることになった。

平川兄弟が渡米したころにも、労働者や職人では移民がかなわず、規制をかいくぐる理由を考えなくてはならなかった。「父の呼寄」は有効な目的だったのである。

「私はしばしば〝ジャップ〟〝細目のチャンコロ〟〝黄色い犬〟というような侮蔑《ぶべつ》的な呼びかけを

受けたし、ずうずうしいチンピラは私に石を投げつけたりしたものです。こうした思いやりのない残酷な行為は、まだ幼かった私にとっては、まるで刃物で胸をグッサリとさされたような衝撃を受けたものです。臆病《おくびょう》で神経質な私には堪えられない苦痛でした。そして私は一人で道を歩くことを避けるようになりました。私はあるときはアメリカとアメリカ人たちに対する憎悪の念で一杯になり、またある時は白人に生まれていたら、こんな目にあわずにすんだのに〝何故白人に生まれなかったのだろう〟と泣きました」（村山有『アメリカ二世　その苦難の歴史』）

この文は昭和に入ってからの体験を、ある少女が記したものであるが、このような排日の機運が高まりつつあった時代である。

しかし、平川は恵まれていた。某ジャーナリストが、平川にアメリカでの体験を取材し、「それでも差別はあったのでしょう」と問うたとき、それまでと打って変わって色をなし、「それは本人の気持ちの持ち方次第です」と反論してきたので、大変驚いたと語っている。平川の考えは、次の話から推測し得る。

「……どうしたことか、私に対しては、同級の子供たちからも、受け持ちの先生からも特別に親切にしてもらいまして、全くもったいないくらい幸せな一年生でした。

それと同時に、こうした身近な経験を通して、アメリカ人の心の広さと申しますか、生活の中に生きている民主主義と申しますか、そういったものを理屈なしに、肌で感じるような気がいたしました。例えば、日本人と見たら頭から誰でも彼でも嫌いだとか、黒人だから仲間外れにするとか、そういうのではなくて、接する人の本質次第で、その良いところを十分認めて、仲良しになろうとするのが常識になっているんですね。それが、しかも大人だけではなしに、子供たちもみんなそうなんですから、これが本当に身に着いた民主主義の一面ではないかと思いました」

戦後、ＧＨＱの高官たちに対しても、平川は卑屈になることなく、誠意を持って、対等に接していた。そのことが大きな信頼と支持を得る基になっていったのであろう。

いずれにせよ、外に嵐が吹きすさぶ中、寄宿先の家族にも、クラスの子供たちにも担任の教師にも、親切にしてもらえたのである。

担任のミス・カーレンはまだ若く、授業が終われば「やりたいことはいっぱいあったはずなのに、毎日放課後は一時間くらい居残って、私に英語の手ほどきをしてくださいました」。そのおかげもあって、半年後には二年生になり、間もなく三年生に進級、あまり無理もなく飛び級を重ね、三年間で小学校八年の課程を終えた。

平川によれば、日本人の中にも半年か一年程度で高校に進学していった者があり、むしろ年齢の割には多くの時間をかけた方かもしれないという。それが幸いして、英語の基礎を身に着けられ、その後の学校生活でもさほど英語で不自由したことはなかった。日本式の英語をなまじやっていなかったことも良かった、と言っている。

アメリカの子供たちと遊びながら身に着けた言葉が、「カムカム英語」にも大いに役立ったとも述べている。〝赤ちゃん〟の段階を飛ばして上級学校を目指していたら、英語講師は務められても、あるいは「カムカムおじさん」は生まれていなかったかもしれない。あらかじめ「カムカム英語」を目標に置いて、それに必要な修練や勉強ができるよう、不思議な力が導いてくれた、と平川が常々言っていたゆえんである。

平川が著書や色紙にサインをしたものには、Joe T. Hirakawa とある。「ジョー」は英語名である。「英語会話」の総ざらいの折にゲストから「ジョー」「ジョー・ヒラカワ」と呼ばれるので、平川を二世と受け取っていた人も少なくない。

このJoe は、スクールボーイでハモンド家に世話になる最初に、主人から付けてもらったものである。唯一から取ったTed、また平川からのHarry などが候補に挙がったが、どれも気に入らない。次々に出た後で、Joe を聞いたとき「これだ」と思い、一も二もなく決めたという。以前から新島襄《じょう》を心から尊敬していたので、耳に好ましく響いたのかもしれない、とも述べている。

雄弁大会への出場

大正十一年（一九二二）六月、スーウェド・スクールを卒業すると、九月にはブロードウェイ・ハイスクールに進学する。旧制中学校に行きたくても行けなかった平川は、夢を果たし、晴れ晴れとした気持ちになったのではなかろうか。平川は二十歳を迎えている。高校生の中では最年長であるが、学生たちがとても大人びて見えたという。洗練された態度、堂々と意見を述べる様子――これでは余程しっかりしないと、と腹をくくったようである。

特に、恒例の行事である「雄弁大会」には驚き、また闘志を燃やすことになる。このくだりが自身の話に残っているので紹介しよう。

英語ではDeclamation Contestと申しまして、Oratorical Contestのように自分でスピーチの内容を作って、それをしゃべるのではなくて、昔からある有名な演説とか、有名な劇や小説の一部分を自分で選んで、それをどんなに上手に力強く表現できるかを競う大会なのですが、入学して初めてこの大会の決勝戦を見たときは、その素晴らしい出来栄えに全く驚いて、何とも言えない感激に、声も出ないくらいでした。

そのとき心ひそかに思ったことは、自分もこのハイスクールを卒業するまでには何とかこのDeclamation Contestに出場し、決勝戦にみんなの前でやってみたいという真剣な願いでした。

何しろ、三年前には小学校の一年生だったわけで、これからさらに三年間、懸命に頑張って、英語の表現力を身に着けられれば、母国語として英語をしゃべっているアメリカ人と競争できるところまで、あるいは行けるかもしれない。そう思うだけでも、勉強に一つの目標ができたような気がいたしました。その準備として、public speakingの課目を取って勉強したりもしました。

そして、最後の四年生のときに、思い切って出場の申し込みをしました。何しろ百人以上の申し込み者を三回くらい予選にかけて、最後の決勝戦に出る五人が決定されるわけですから、その競争は大変なものでした。

そんなある日、私は例によって夜の九時ごろ、練習をしようと、近くにある荒野のような高いビーコン丘の上に出かけていきました。辺りには人通りもなく、人家も見えないので、練習には打って付けの場所なのです。しばらくは安心して、あの有名なPatrick Henryが残した"Give me Liberty or Give me Death"(我に自由を与えよ、さもなくば死を与えよ)という歴史的な大演説を、ありったけの声を出して練習していたわけです。

するると、遠くの方から、警察の車が不気味なサイレンを鳴らしながら近づいてまいりまして、私のいる丘のあちらこちらを探照灯で照らしていましたが、とうとう立っている私を見付けまして、照らし出されてしまいました。背の高い大きなお巡りさんが、バタバタと近づいてまいりました。そして、いきなり大きな声で「お前、そこで何をやっているのだ」というわけです。そこで私は、「別に何も悪いことはやっていませんが」と申しますと、「うそを言うな。この近所から毎晩警察に電話がかかってきて、夜になると丘の上に異常な人物が来て大声で叫んでしょうがない、何とかしてほしいというので、お前をつかまえに来たんだ」という話なんです。

私は、「どうもすみません。実は、僕の行っているブロードウェイ・ハイスクールの Declamation Contest に出るために、ここで毎晩スピーチの練習をしているんですが」と申しました。ちょうど良いことに、そのお巡りさんは私と同じブロードウェイ・ハイスクールの卒業生だったものですから、「ああ、そうだったのか」とすぐわかってくれ、「しっかりやりたまえ。成功を祈ってるぞ」と、力強い握手をしてくれました。

ところが、その次の日の新聞に、そのことが記事になって出てしまったものですから、学校でみんなからさんざん冷やかされ、恥ずかしいやら、きまりが悪いやら、全く困ってしまいました。

Contest の予選の方は一回、二回と何とか勝ち残り、とうとう決勝に出場する五人の中に入ることができました。一年生のときから描いてきた夢が、実現できたわけです。決勝戦で優勝でもできれば、なおのこと良かったのですが、私は満足でした。三人の審査員の中で一人だけは、私に一位を付けてくださっていたことを後で聞きまして、本当にありがたいことだと思いました。

この体験は、生まれつき人前で話すのが苦手な平川にとって、「カムカム英語」の予備訓練の一つとしてなくてはならないものだった、としている。

三年生から四年生になる夏休み、平川はアラスカに出かけている。鮭の缶詰会社で働くためである。苦学生活を続ける身にとって夏休みは〝稼ぎ時〟なのであるが、このとき以外はつまびらかでない。二か月半の契約で二百五十ドルは破格の賃金である。それだけに仕事はきつい。漁期に入ると、夜の十二時ごろまで作業を続けても、山と積まれた鮭は処理し切れない。しかし、疲れはしても、終業後の三十分間が何よりの楽しみであったという。夏とはいえ、深夜ともなるとアラスカの海風はひんやりと心地良い。海辺に立って、誰に遠慮もなく、冬の雄弁大会に向けた練習を繰り返した。

そのような努力を、楽しみとしてできる資質が、既に平川には備わっている。

前出の河原槙恵によれば、平川はスクールボーイのかたわら、日曜日にはセントピーターズ・チャーチ（聖公会）に出かけていって、手伝いをしていたという。牧師の講話の前に聖書を読んだりする役割があって、これをレイ・ミニスターと称するが、しばらくはこういう形で宗教とのかかわりを持っている。いつごろからであったか明らかでないが、ハイスクールのときにはこのような立場にあったと思われる。

ワシントン州立大学演劇科のころ

大正十五年（一九二六）六月、四年間のブロードウェイ・ハイスクールの課程を終え、その十月にはワシントン州立大学に進む。専攻は物理学である。

なぜ物理学を選んだのか――。自らの適性として、一人黙々とする仕事が向いているのではないか、それに、できればエジソンのような発明家になりたかったと、その理由を述べている。ワシントン州立大学の *STUDENT'S RECORD BOOK* に記された平川の成績がある。一学期（秋）はAで、発明家への道は順調に開け出したかに見える。しかし、年が明けて二学期にはBになり、三学期には最低のCを取ってしまう。これには、さすがに困り果てた様子である。ついに方向転換を決め、二年生のときに演劇科に移る。

この年（昭和二年）の九月十日、郷里の父定二郎が六十歳で亡くなっている。その直後、兄の隆一は約九年間の滞米生活を切り上げ、帰国する。唯一はアメリカにとどまる。

演劇への志向に、芝居好きであったという父の死が一つのきっかけを与えたとみるのは、うがちすぎであろうか。それとも、自らが、〝向いてはいないが〟好きであったのか――。

後年、丸山一郎が主宰する習志野バプテスト教会に平川を招いた折、子供たちの前で突然スピーチをしてもらうことになった。それは「子供たちが全く聞いていなかった」ほど、うまくないものであった。確かに、人前でにぎやかに話したりすることは苦手であった。依頼されたときは、しばらく前から入念に講演原稿を用意するのが常であった。しかし、演劇は人前で話すものとは本質が異なる。あらかじめ用意されたものに従って演じるのである。その点ではアナウンサーも、これに近い。

実は、高校の雄弁大会の体験が大きな自信になり、演劇に向かわせたのではないか、とする見方もある。決勝でただ一人、平川を推した審査員ジェームス夫人は、ワシントン州立大学演劇科教授であり、劇演出家としても有名であった。平川は彼女の愛弟子として、大学時代はもちろん、その後の在米期間を通じて親切な指導を受けたという。ジェームス教授の存在も大きくあずかっていたかもしれない。

この選択が間違っていなかったことを、平川は次のように述べている。

「つまり、私の下手な知恵で発明家という横道に進もうとした計画は、見事袋小路にぶつかってしまって、自然に『カムカム英語』の実現を目指した方向に向かって、軌道修正がなされたようにさえ思えるわけです。と申しますのは、物理学では『カムカム英語』には何の足しにもなりませんが、演劇科では、例えば発音学が必修課目になっていまして、ここで訛《なまり》のない完全な標準英語を身に着ける訓練が受けられるわけです。もしも、この訓練を受けていなかったとしたら、何年か後に受けたNHKの海外放送の試験には、おそらく合格できなかったはずです。これは日本語の方でも同じことで、アナウンサーになる方は、全員が厳しい標準語の訓練をお受けになっているわけです。また、演劇科では当然のことながら劇の脚本を書く技術も教わるわけですが、これが英会話放送のテキストを書き下ろす場合にはそのまま応用でき、大いに助かったように思われます。つまり、二人で話し合う会話の内容でも、そこに劇的な要素が入っていると、より楽しくなるわけですね」

ワシントン州立大学時代の平川の足跡をたどる手掛かりが『シアトル市人名録』にある。一九二九年版にはＫＣＷ・カーペット・クリーニングの所在地が表示され、翌年版には別の住所になり、三一年版にはワシントン州立大学日本人学生倶楽部が記されている。二七年版には兄の隆一も掲載され、河原とともに働いたオークランドの自動車修理工場からシアトルに移り、帰国前にはここにいたことを示している。

ＫＣＷ・カーペット・クリーニングは、熱心なクリスチャンであったというフランク神八《かみはち》が経営者であった。平川はここでしばらくの間（二、三年に及んだのではないか）絨毯《じゅうたん》のクリーニングに従事する。

アメリカの家庭で使用する絨毯は、当時でも相当に大きかった。これを表通りまで持っていき、洗剤で水洗いした後、店まで持って帰る。たっぷり水を吸った絨毯の重さは、想像に余りある。大変な肉体労働であった。

ＫＣＷは旧日本人街の一角にあった。ロサンゼルスやサンフランシスコと同様、多くの日本人が居住し、さまざまな商売を開いていた。古屋商店もそこにあり、銀行から寿司屋、銭湯、魚屋まで、ないものはないと言えるほどであった。

絨毯を洗った表通りは、スキッド・ロードと呼ばれる全面板張りの道路である。板の上が滑りやすいところから、このように呼ばれたのである。スキッド・ロードにはほかに、山から切り出した木材を川や海に引き下ろす道の意や、人生という道を踏み外した者が集まる貧民街といった意味もある。シアトル旧日本人街のスキッド・ロードは、むしろ成功を夢見て汗を流す人々が、よじ登っていく道であったかもしれない。

自ら経歴に記したものを見ると、「昭和二年十二月、デトロイト市ニテ開催ノ万国宗教大会ニワシントン州立大学代表トシテ派遣サル」とあって、初めて東部を訪れたことがわかるが、これが純然たる宗教のためか、あるいは演劇との関連かは、不明である。

演劇科の平川唯一は、それまでとは別人のように生き生きとしている。先のジェームス夫妻や、劇通であり日本文学研究者であったヒュース教授らの直接指導の機会に恵まれ、頭角を現していく。毎週、学生の書き下ろしが教授によって選考され、校内劇場で上演されたが、これにもしばしば取り上げられている。中でも特に好評を博したものに、里見弴《とん》の『能祇』の翻訳がある。このときは、作・舞台監督・装置・照明など一人でやり、その上、主役の老詩人に扮している。

昭和四年（一九二九）の夏期大学にシェークスピアの研究者チーン博士が招聘《しょうへい》されたが、その監督によるミニー劇場での「シンバリーン」に初舞台を踏む機会が与えられた。ここでは一人の英国人の役であったが、毒舌で知られる批評家のオーティン・ハイマーに「出演者中ただ一人の日本人である平川が、一番英国紳士らしかった」と評されている。

このころからアメリカでは劇場運動が盛んになり、シアトルにも小劇場が建設されている。市営シアトル・プレイハウスにおいて、イプセンの「ペア・ギント（ペール・ギュント）」、トルストイの「生ける屍《しかばね》」がジェームス夫人の監督で上演された折には、前者でトロール・キングという深山に住む容貌怪異の王様に扮している。「ペア・ギント」は大当たりとなり、二か月ものロングランに出演している。後者では、いわば名もない役であったが、舞台の雰囲気を効果的に醸成する上で大いな貢献があったとして、端役最優秀賞を受けている。端役であっても光る存在たり得るところに、平川の面目がある。

シアトルからロサンゼルスへ

兄隆一の長女山田孝子の言では、「叔父は少なくとも二回、岡山に帰ってきている」という。その最初は、昭和四年十月から翌年一月にかけてであろう。当時としては当然、岡山連隊区徴兵官あてに「一時帰朝再出発届」を提出している。これによれば、出発は一月二十一日である。十一年の滞米中、祖父源兵衛も父定二郎も亡くなった。墓参りがまず第一の理由であろう。ようやく条件が整って帰国がかない、久しぶりに故郷の土を踏んだ心境はいかばかりであったろうか。経歴には「日本見学ノタメ来朝。四ケ月間滞在シテ坪内逍遙博士ノ指導ノ下ニ日本演劇ノ研究ヲナス」とある。

設立のリーダーの一人でもあったワシントン州立大学日本人学生倶楽部の「アンニュアル」には、帰朝に関連して「日本の芝居を見て何を感じたか」を、平川譲山の名前で書いている。「未だ嘗《かつ》て文章らしい邦文にペンを委ねた覚えのない自分に果して何が出来るか考へた丈《だ》けでも流汗の至り、空恐ろしい様な気持さへする」と断っているが、専門の演劇がその内容であるだけに熱意が感じられ、達者な文である。

「『米のなる木をまだ知らぬ』とさへ言ふ岡山の山奥に育った為め、日本の芸術、殊に舞台芸術に対しては案外無見識であった」が、この帰国は日本の演劇を深く知り、評価する機会となったようである。歌舞伎座の「浦島太郎」、坪内原作の「堕ちたる天使」、帝劇の「西遊記」、大阪・文楽座の人形芝居など、さまざまな分野の芝居をむさぼるように見たらしい。

昭和六年六月、ワシントン州立大学を卒業、やがて平川の舞台はロサンゼルスへと移る。

経歴には「昭和六年七月、シアトル市ＹＭＣＡノ招聘ヲ受ケ約五ケ月間英語講習ヲナス」とあり、シアトルを離れたのはこの年の暮れであったと思われる。その辺りに触れ、自らが次のように記したものがある。

「卒業して旅費の工面がつくと同時に、私は映画のメッカ、聖林《ハリウッド》に向けて出発した。一人のスターを出すために、何万人かの志望者が悲惨な生活を余儀なくされ、それでゐて華やかさ極みないハリウッドへ」。そこでは事実、演劇・映画などでさまざまな活動があったようである。

昭和七年二月には、リトル・トウキョウ劇団の専任監督になり、日英両語劇の指導に当たる。翌月、パサデナ・コミュニティ・プレイハウスの「聊《いささ》かの灰」で映画俳優ブラッドリー・ページと共演。翌年六月、ユニバーサル・プロダクションで「ビューティ・パーラー」の撮影に当たって、東洋人部のシナリオを編成、九年四月、ホリータウン・プレイハウスの「レット・フー・ウィル・ビー・クレバー」に出演……。

このころと思われるが、劇作も書き下ろしている。日本の神話を主題とした野外劇で、登場人物には面をかぶらせ、会話は浄瑠璃形式にすべて他の人物に語らせるなど、今日から見ても前衛的である。全米宗教会議において上演され、見る人の度肝を抜いたらしい。

「当時満州問題を繞《めぐ》って、米国の対日感情が悪化してゐたに拘《かかわ》らず、自分としても意外とする程

ワシントン州立大学卒業時

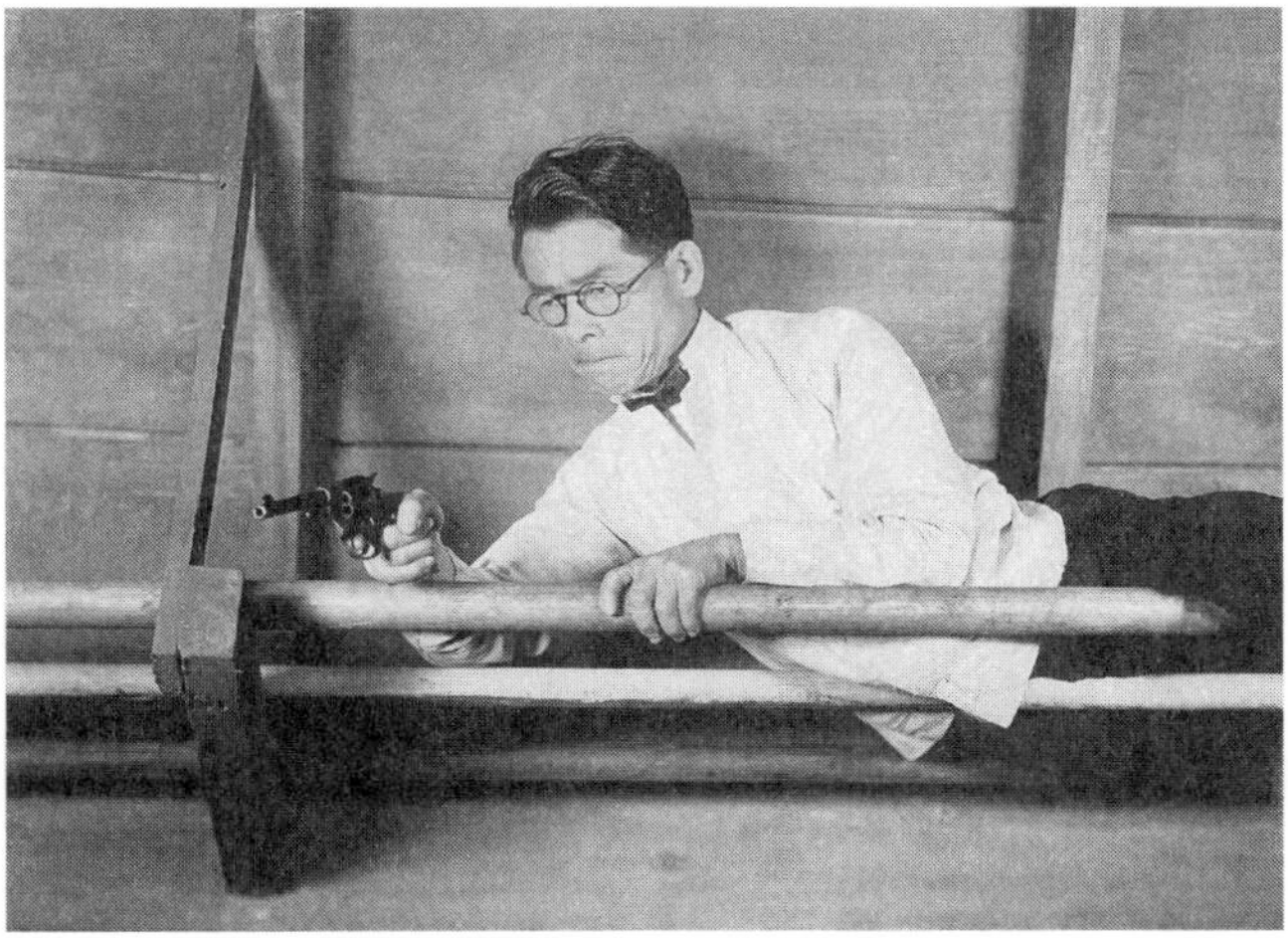

ハリウッド映画に出演

の好評を博したことは、流石《さすが》米人の度量の広さを物語るものと言へよう」と書き残している。

恩師のジェームス夫妻によって「忠臣蔵」がシアトル・プレイハウスで上演される計画が持ち上がったとき、平川はこの台本の作成を依頼されている。過去にジョン・メイスフィールドのものがあるが飽き足らず、日本の代表作として、外国人に日本人と同様の感銘を与えることが条件とされたという。十年九月に脱稿した台本は今も残っている。

しかし、「忠臣蔵」は上演されなかった。外務省の後援が取り付けてあり、舞台道具や衣裳などは日本から送られるばかりになっていたという。中止の理由は国際情勢に対する政治的な配慮とも、スポンサーになるはずであった小林一三の死去によるともいわれるが、平川も故人となった今、真実は不明である。

ハリウッド映画にも出演している。昭和十年に制作された「ダイヤモンド島の謎」と題するミステリーがその一つである。平川の没後、タコマ在住の次女萬里子（メリー）が奔走して当時の関係者を探し当て、作品を入手することができた。そこには確かに、東洋人に扮した若い平川の姿があった。

滝田よねとの出会い

平川のロサンゼルス移住の理由は、演劇・映画のほかにもあった。セントメリーズ・チャーチ（聖公会）から専任教師として招かれ、アメリカ人に日本語の指導や日本文化などの講演を行い、日本人に英語を教える機会が与えられたのである。自らも記しているように、ハリウッドのスターを目指して「悲惨な生活を余儀なくされ」ないためには、渡りに舟であったかもしれない。もちろん、シアトル聖公会の強い推挙もあったであろう。

しかし、それで生活が保障されたわけではない。現に平川はガーデナー（庭師）をはじめ、さまざまな仕事を経験している。セントメリーズ・チャーチへの奉職は、平川の信仰に基づくものと見て、間違いない。昭和十二年三月には副牧師試験に合格もしている。

そして平川はこの教会で、運命的な出会いをする。生涯の伴侶であり、「カムカム英語」の裏方に徹することになる滝田よねである。昭和二十一年、NHK「英語会話」の初放送を挟む一月二十九・三十一日、二月二日の三回にわたって、よねは同じ第一放送で「ロスアンゼルスの思ひ出」を語っている。有為の女性の社会進出の絶好の機会であったあの時期に、彼女は妻としての道を選んだのである。

よねは明治三十七年（一九〇四）四月一日、東京都神田区錦町一丁目十九番地で滝田藤三郎・とみの長女に生まれた。藤三郎の代に至って洋服商に転じたが、滝田家は旧幕時代は手広く薪炭商を営んでいたという。二男四女の長子に生まれた彼女は、何不自由なく育てられ、子供のころから習い事に励んだようである。

清元《きよもと》好きの父の影響か、姉妹はそろって音楽を得意とした。「英語会話」の初期に「カム・カム・エヴリバディ」のピアノを担当した静子は三女、次女礼子はJOAK第三回新人募集に清元で、四女信子も同第五回に童謡で合格している。

よねは府立第一高等女学校から府立女子師範学校に進み、卒業後は浅草・小島尋常小学校訓導となった。国語・漢文は中等教員予備検定試験も通っている。教員になって四年目の昭和六年一月八日から三月十六日まで、「米国ニ於ケル教育ノ実際」「北米合衆国ニ於ケル実業補修教育」などを委嘱される。そのときの様子は、帰国後の六月に発行した「アメリカの西海岸視察所感」に記される。勤務先は富士小学校となっている。往復に一か月を要する船旅であるから、アメリカでの視察日程は二か月ほどであるが、その間に十市三十八校を巡っている。

このときの体験は余程の刺激であったらしく、八年三月には教職を辞し、四月二十日、秩父丸で再び渡米する。南カリフォルニア大学に留学し、教育学を学ぶためである。当時の新聞に談話として「私は自分の毎日やってゐる事があまりにも無力で日毎に社会から置き去りにされる様な感じがするので、もっと〳〵、私自身を向上させてもっと意義のある効果的な教育に精進したいと思ひます」とある。

聖公会とその学園の活動を通じて、平川とよねは急速に親しくなっていったようである。平川は、当初英語の不自由であった彼女の学習を援助している。一九三五年三月八日付『羅府新報』には「忠臣蔵が取り持った劇作家の結婚話」とあって、よねが「忠臣蔵」の原本や流布本の編纂《へんさん》にかかわったことが記されている。平川がジェームス夫妻から依頼されたのが前年八月であるから、相互に補い合い、切磋琢磨《せっさたくま》する関係が生まれていたのであろう。

平川は東京のよねの両親に手紙で、よねとの結婚を許してほしいと書き送っている。約半年間の数度にわたる「懇望」の手紙のうち、最後のものには「私も必ず全生涯をささげて十分よき伴侶となって共に幸福なる路へと歩む心算でおります」と誓っている。

帰国、そしてNHKへ

昭和十年（一九三五）三月十四日（木）、二人はロサンゼルス・マリポサ街九六一番の聖公会において、牧師山崎節の司式で結婚する。その夜八時からは、同ホールに三百人が集まってレセプションがあり、二人を祝福した。

新婚旅行はピズモ海岸へのドライブであった。ところが、自動車の調子が悪く、途中で引き返している。そして独力で故障箇所を修理し、再び同じコースで出発したという。自動車の取り扱いといい、決めたことをやり遂げる一途さといい、後年の平川と全く同じである。

その月の二十七日の祈禱会《きとうかい》は、南キングスレー一二〇六番の新家庭で行われている。

この年六月、よねは南カリフォルニア大学を卒業、教育学の学位を取得する。以後は二人とも聖公会の活動に一層熱心に取り組んでいる。長男壽美雄の誕生は一九三六年四月二十六日である。

しかし、よねの滞在期限が迫っている。聖公会における平川の資格を変更し、ワシントン労働省に妻の滞在延長を申請してもいるが、このころ今後のあり方を深く考えている様子である。東京の滝田家への手紙に「私共の将来はどうしても日本に在る様に思はれます」と書いている。

そして、遠慮しつつ、滝田洋服店に「既製品洋服部を新設して、将来の大衆的要求に投ずる計画」を提案する。過去十五年ほどの間に、アメリカではテイラー（仕立屋）の看板が見当たらなくなっていること、アメリカの既製服の年間売り上げは不況時ですら四億四千五百万ドルに上ること、二人で相談し、身も魂も金もすべて打ち込む覚悟などがつづられる。一つの先見であったかもしれないが、それが実現しなかったところに、将来の「カムカム英語」が成立するのである。

昭和十二年十月十九日、家族三人はサンフランシスコ港からブエノスアイレス丸に乗船し、十一月六日、横浜に到着する。平川が神戸から旅立った少年のころから十九年、よねにとっては四年半ぶりの本土である。

昭和六年九月満州事変が勃発、翌七年一月上海事変、三月満州国建国、八年三月国際連盟脱退と、わが国は中国政策をめぐって国際的な孤立を深め、帰国する年の七月には日中戦争の発端である盧溝橋事件が起き、帰国して間もなく南京占領に至る。アメリカではこうした情勢も相まって、ますます排日の嵐が強まっていく。十六年十二月八日の日米開戦の直後には、西海岸の日系人は一人残らず退去を命じられて隔離され、ほとんどの財産を失うことになるが、そこまでの進展はまだ誰も予想し得ない。

帰国した家族は、ひとまず神田錦町の滝田家に寄宿する。世田谷区太子堂一六八番地に洋館を求めて転居するのは、翌年八月である。

平川は帰国して間もない十一月十九日から日本電報通信社（現電通）に勤務する。しかし、これはいずれにしても一時のものであったと思われる。

社団法人日本放送協会に採用になり、国際課書記（給六級俸）を命じられるのは十二月二十七日付である。応募から受験、合格の経緯を、平川は次のように述べている。

……ＮＨＫの海外放送で、英語のできる職員を募集していましたので、履歴書を出して入社試験を受けてみることにしたのですが、何しろ放送する英語ニュースとか、ニュース解説とか、そういったものは一度も注意して見たこともないし、自分で書いたこともないので、果たして試験に受かるかどうか、正直言って見通しは全くなかったわけです。

でも、そうかと言って、一週間や十日で放送用の英語ニュースを書く技術がマスターできるわけもないので、仕方なしに、思い切ってヤマをかけてみることにしたんです。具体的にどうやったかと申しますと、試験の当日は朝早く起きまして、その日の新聞に注意深く目を通したんです。そして、自分が放送ニュースの責任者になったつもりで、海外向けの放送に使えそうな材料を必死になって探してみたんです。しかし、その日に限って、いくら探しても、外国向けのニュースになるような記事はないんです。目についたのは、その日の『朝日新聞』の社説で、当時の国際問題を巧みにとらえて論じていました。これなら、うまく要約すれば、日本からの radio news として使えそうな気がいたしました。そこで、この論説を要領よくかいつまんで、外国人に聞かせる英語ニュースにしてみようと、いろいろ工夫してみたわけです。そして、それを十分頭の中にたたき込んだ上で、午後から始まる入社試験に出かけてゆきました。

いよいよ試験が始まって、配られた試験問題を見たその瞬間、私は思わず自分の目を疑いました。何とそれは、『朝日新聞』の論説だったんです。そして「この論説を海外向けのニュースとして要約せよ」という、私の予想と寸分違わない問題だったんです。

これは全くの偶然だったわけですが、もしこの偶然がなかったとしたら、五十数人の受験者の中から、たった二人の合格者の一人に選ばれるなんてことは、おそらくなかったでしょう。この思いがけない奇跡があったおかげで、大事なＮＨＫとのつながりが始まったわけですが、それがまた、やがて何年か後に、あの「カムカム英語」が誕生するきっかけになっていたことも、今から考えると全く不思議議です。

自由主義言論人・清沢洌との交流

同時に入局したもう一人は、藤尾薫宏（ジェリー藤尾の父君）である。藤尾やほかの人々の例に比べても、平川の履歴書は巻き紙のように長かったと、神谷勝太郎は述懐する。平川の頭の中にある履歴書は、日本の通常のものではなく、米国式の経歴書であったのかもしれない。日本放送協会の海外放送は、昭和十年十月一日に開始され、二十年九月十日の停止まで、ほぼ戦争の歴史と重なり合って続いた。このラジオ・トウキョウが国際放送であるラジオ日本に生まれ変わるのは、二十七年二月一日である。

平川らが採用になったのは、大陸問題の長期化と国際情勢の複雑化に伴って拡充増強が行われ、併せて英語ニュース陣の強化が図られる時期であった。平川の話に受験日は出てこないが、張っていたヤマは、おそらく十二年十二月十一日付『東京朝日新聞』の社説「皇軍、南京城に入る」であろう。南京陥落は目前に迫り、公電を待つばかりの緊迫した状況で記されたものである。

神谷によれば、平川は最初アナウンサーとしてではなく、翻訳者としての採用であったという。その後、アナウンサーの適性と自らの希望が相まって転じることになったのかもしれない。十四年七月十五日『東京日日新聞』は、同社の世界一周飛行計画に際して公募した機名が「ニッポン」に決定したことを掲げ、併せて海外放送でも「第五スタヂオのマイクの前に立った国際部平川唯一アナウンサー」が繰り返し世界に発信した、とある。

試験を通った正規の採用であるが、妻よねの証言では「清沢さんがお膳立てをしてくれた」ことにもあずかっている。「清沢さん」とは、自由主義言論人の清沢洌《きよさわきよし》――。海外放送を開始から中心的に担ってきた頼母木《たのもぎ》真六《しんろく》と旧知の間柄であり、平川に機会を与えてくれた模様である。

清沢洌は明治二十三年（一八九〇）二月八日、長野県南安曇郡北穂高村の生まれ。内村鑑三の弟子である井口喜源治《きげんじ》の研成義塾に学び、四十年六月渡米した。タコマで働きながら勉学を続け、邦字新聞記者、寄稿家として身を立てるに至る。後の拠点はシアトルであるが、大正七年（一九一八）には帰国して『中外商業新報』（現『日本経済新聞』）の初代外報部長となっているから、平川との接点はない。昭和四年以後の数次のアメリカ滞在中に知り合ったものであろう。

昭和二年には『東京朝日新聞』に移るが、著書が右翼の攻撃を受け、退社して以後は評論活動をもっぱらとした。戦後は縦横に活躍できる舞台が用意されるはずであったが、二十年五月二十一日急逝した（ちなみに、筆者の同名は清沢氏の生前、父がお願いしていただいたものであることは間違いない。また、氏の長女のまり子さんが、妹と同音であることも偶然とは言えない）。

平川は、清沢から直接・間接に大きな影響を受けたと想像できる。私淑していたと言ってよい。

清沢の『暗黒日記』には、平川のことが出てくる。

「昨日平川唯一君、子供の純雄（注・壽美雄）君をつれて来たる。例によって庭の仕事等を、すっかりやってくれる。

米国で教育をうけた連中が、真面目で誠実であるのは、著しい特色である。恩を感ずるもの、この人々の如きは非ず。僕の知っている者の内、最も真面目なグループだ。彼等は必ず成功するだろう。米国教育の中に、そうした誠実を教うる空気があるのだろう」（十八年八月十九日）

夏休み中の壽美雄を連れて行ったのは、軽井沢の別荘である。二人は二泊して庭の仕事などを片付け、二十一日に帰京する。

またあるときは「平川君来り葡萄をくれる」とある。このときは大森区調布嶺町の自宅である。「東洋経済の家族会あり。ただし僕は平川唯一君が電気器具の修繕に来てくれる約ありたるため行かず。平川君という米国大学の文科出身者が、日本の、しかも東京の電気屋さんが修繕し得ないものを直してくれるのだ。冷蔵庫、ワッフルのアイロン、その他ことごとく然り。

形式主義の日本的教育と、考えることを教える教育との相違ここにあり。

米国の大学で学んだ青年達の真面目で、且礼儀正しく、恩義に厚いことは驚くべきだ。それは我家に出這入りする人々の示すところだ。そうした真面目な空気が米国大学にあるのだ。この点で日本は米国を馬鹿にしうるか」（十九年四月二日）

清沢家の家族の間でも、平川は話題に上ることがあったと、池田まり子は述べている。この日、平川の来訪を楽しみに待つ父をおいて、母と二人で出かけたという。壽美雄も清沢家にあった、当時としてはきわめて珍しい米国製の冷蔵庫をよく記憶していた。

その後も、平川の名はしばしば登場する。逼迫する戦況と国内事情、放送のことなどが話し合われた様子である。

二十年の消印だけが判読できる清沢から平川への書簡が残っている。清沢は日本外交史研究所を設立し、戦後に向けての研究を準備しようとしていた。手紙の中で、いずれ大東亜戦争研究叢書を出版していくので、平川にも専門の立場から書くように勧めている。しかし、急逝によって夢は挫折し、平川の執筆するはずだった「大東亜戦争とラヂオ」も幻に終わる。

清沢洌がその後も健在であったとしたら、戦後は絶好の活躍の場であったに違いない。そのとき、平川の生き方もまた大きく変わっていたかもしれない。

テレビの時代の平川唯一

設立間もない太平洋テレビジョンに迎えられたのは、講師を退いた後の昭和三十二年末である。テレビの本放送の開始は二十八年二月一日、NHK東京テレビジョン局であり、民間放送では同年八月二十八日の日本テレビ放送網（NTV）が最も早い。その後、受像機の量産体制が進んで小売価格が下がり、三十年に始まる神武景気も、テレビの家庭への普及を促していった。三十二年には白黒テレビが電気洗濯機・電気冷蔵庫と並んで「三種の神器」とされ、テレビ番組の低俗化を背景にした「一億総白痴化」の言葉が知られたのもこのころである。

太平洋テレビジョンは、北海道から上京した若い清水昭が、上野駅の食堂でテレビを見て、「これからの仕事はこれだ」と始めた。国内のテレビ放送がまだ十分な番組制作機能を持ち得なかった時代、先進国アメリカのテレビ映画を放映する需要は高かった。太平洋テレビジョンはその代理店であり、日本語版の制作会社でもあった。

平川は初め「テレビ映画の翻訳をちょっと見てもらいたいといわれ、気軽に引き受けたのですが、原稿を見たら気になり、結局徹夜で赤字を入れ」ることになり、それがきっかけで迎えられる。平川は翻訳部長から副社長に進む。

翻訳家の宇津木道子はそのころ、大学を出立てで平川の下についている。平川は監修の立場で宇津木らの翻訳部員に指示をし、指導した。総務部の鈴木多美子は、平川からプレゼントをもらったことがある。有名人なのに、少しも偉ぶるところがなく、気さくで、自分たちに気遣いをしてくれている様子がわかったという。

太平洋テレビジョンにおける平川への期待は、具体的な業務よりも、看板としての対外的なイメージにあったのかもしれない。社業の多忙なころは、睦美と萬里子の二人の娘も社員に引き入れている。平川の退職は四十年十二月、六十三歳であるから、世間の定年である五十五歳はとうに超している。

平川が何らかのかかわりを持ったテレビ映画のうち「モーガン警部」「第五騎兵隊」「ボナンザ」（いずれもNTV）はよく知られるが、最も著名なのは何と言っても「ララミー牧場」（NET）であろう。主役のジェスを演じたロバート・フラーが三十六年四月十六日来日した折は、深夜にもかかわらず千人近いファンが詰めかけ、離日の際は混乱が予想されたため、太平洋テレビジョンの社員旅行のバスに紛れ込んで羽田に向かったという。

社長の清水についてはいろいろなエピソードが伝えられている。先見性に富み、魅力的な人物であったことは確からしい。有名大学卒の社員を従え、「頭は自分一人で十分だ。君たちは手足になればいい」と言ったり、後にノンフィクション作家・評論家で売り出す某の身なりを見て、背広を買い与え社員にしたという話もある。有名人を身近に置いて、芸能プロダクション事業にも乗り出している。

いずれにしてもニュービジネスであって、成長著しいだけに、税務当局からも注視された。テレビ映画が今日言うところのソフトであって、著作権が高価なものである点に、当局の理解は不十分であったようである。清水は評価を不服とし訴訟を起こし、いったんは勝訴するが、本人の死亡によって太平洋テレビジョンも消滅する。

最後のご奉公

平川唯一が再び往時のような情熱を燃やす機会が訪れる。昭和二十六年、大分へ講演で訪れた折に、熊本県立人吉高校の学生であった福田昇八に会っているが、熊本大学教授となって上京した福田が「カムカム英語」の恩を謝するために平川家を訪れたとき、『みんなのカムカム英語』出版の話が持ち上がるのである。

そのころ、わが国では盛んに「国際化」が叫ばれている。にもかかわらず、学校英語は依然として問題が大きい。当時、平川の家の一角で編集の仕事をしていた土子《つちこ》民夫が、中国・上海で小学校一年生から行われている実用的な英語教育の事例を紹介すると、平川は「わが意を得たり」という表情を見せた。彼我の現実を見て、役に立てる最後の機会であると思ったのかもしれない。

決断すると、早朝四時ごろに起き、ほぼ午前中いっぱいを執筆に充てる日々が続いた。福田が話を切り出したときには「カムカム英語」の合本ということであったが、二十のスキットを選び終えると、あとはすべて書き下ろしの作業となった。特筆されるのは、片仮名を効果的に使って発音の表記を一新したことである。放送当時は、あくまで補助の役割を果たすものであって、なるべく振り仮名には頼らない方がよいとしていたのが、このときはむしろ正しい英語の発音をする上で、積極的な活用を勧めている。これに、七十九歳にして自ら吹き込んだ六十分テープ二巻を併用すれば、イントネーションを補って完璧な仕組みになるとしている。

執筆のかたわら、文部省を訪れて担当者に英語教育の現状を聞き、自分が役に立てる余地があるかどうかもただしている。そして考えついたのは、全国の小学校長およびＰＴＡ会長あてに手紙を書くことであった。小学校三年生以上の参加するクラブ組織で「英会話遊び」をしてほしい、と提案している。発送するはずであった原文は残っているが、何らかの事情で実行には至らなかったようである。条件が整ってもし実行されていたら、いくらかでも提案を真剣に受け止める小学校が現れていたとしたら、英語をめぐる問題はその後、以前とは幾分異なる展開を見せたかもしれない。

五十六年三月に『みんなのカムカム英語』（毎日新聞社）が刊行された直後、東京・神楽坂の日本出版クラブで出版記念会が催された。そこに集まった約二百人の中には、懐かしいカムカム・ベイビーたちの顔もあった。武田守正・丸山一郎・國弘正雄・田崎清忠・福田昇八・東後勝明・ペギー葉山らに囲まれて、タキシード姿の平川は満悦であった。

自らも「カムカム英語」を聴いたという小笠原林樹（当時文部省主任調査官）は、英語教科書検定の責任者の立場にありながら「今の英語教育では駄目。学校ではカムカム英語のようにやるべきである」という趣旨のスピーチをして、会場を沸かせた。
『みんなのカムカム英語』の出版がベイビーたちによって祝福されてから間もなく、春の叙勲が発表になる。平川には勲五等双光旭日章が授章された。全く公職に就いたことのない者が叙勲の対象に選ばれることは珍しい。平川はそのときの対象者の〝目玉〟であったらしく、新聞・テレビ・ラジオなどに取り上げられている。

十月二十八日の「秋の園遊会」にも平川は招かれている。そのとき、天皇陛下（昭和天皇）が平川の前で最初に立ち止まり、突然、「どうですか。最近は英語の練習をさせているんですか」と、にこやかに尋ねられると、どっと笑いが巻き起こったという（『読売新聞』）。平川が「小学校のクラブ活動で小さい子供に教える計画でいます」と答えると、陛下は「英語は非常に大切な言葉ですから、親善のために努力してください」と励ましの言葉をかけてくれた。平川は、この「親善のために」という言葉にいたく感激している。

この年の平川の動きはしばしばマスコミで取り上げられたので、全国のカムカム・ベイビーたちは平川の健在ぶりを懐かしく確認したのだった。

モーリス・マイナー

最後に平川唯一の個人的な側面を語るに当たって、どうしても触れておきたい事柄が二点ある。自動車とテニスである。

平川が在米当時、自動車に乗っていたことは、結婚のときのエピソードの一つとして触れた。

大学時代から車を持っていたというと裕福だったように聞こえるが、廃棄寸前にもらい受けたのが、一九一五年T型フォードであった。これで、仕事先と大学を行き来したのである。しかし、古くなると故障の頻度は増し、思わぬところに故障が発生する。専門家に見せればお金がかかるから、何とか自分で修理する。それで、車の取り扱いには慣れていたのである。

ＮＨＫ「英語会話」講師時代、電車での通勤からスクーターに変わるのは、二十四年である。平川家にスバル・ラビットが届いたのは十一月十五日とある。以後は、ＮＨＫへもテニスへも、ラビットが頼りであった。

平川が選んだ車は、英国製のモーリス・マイナー四ドアサルーンである。排気量は九一八cc、サイドバルブ・エンジン、二七・五馬力、エアコンもラジオもなく、付いているのはヒーター・ラジエーターだけである。方向指示器もアーム式で珍しい。外観はモスグリーンであるが、何度か同色で塗り変えている。破れた個所はコーラのキャップなどを叩いて、自分で板金をした。

平川はこれを昭和二十七年九月、日英自動車に発注した。といっても、日英に在庫があるわけではなく、英国のＢＭＣ（一九五二年にモーリス・モータースから変わる）から代行輸入するのである。この年七月一日に通産省の外貨割当枠が幾分広がり、日本人が外車を買えるようになった。もっともこれは短期間で、二十九年ごろまで再び買えなくなる。

平川はこの機会をとらえて注文したのである。代金は九十五万五千円。同じ車はもう一台輸入されたが、購入者は旧皇族の一人であったという。初任給の約百倍の値段であるから、現代に換算すると、およそ二千万円ということになる。

T型フォードと唯一（左）

愛車ラビットと

届いたのは年が明けてからである。この車ではよく家族でドライブに出かけた。木更津の証誠寺を訪れたのもモーリス・マイナーである。よく乗った代わりに、平川は手入れも怠らなかった。帰ると必ず掃除をした。オイルもれに備えて、新聞紙を厚く縫い合わせて下に置いた（これをオムツと言っていた）。淡島通りから折れて若林の自宅に向かうと、二百メートルぐらい離れていても、独特のエンジン音が聞こえた。飼い犬でもわかったくらいである。

約三十五年間大事に乗り続け、平川は、八十五歳をもってハンドルを握ることを断念し、免許証も返上した。その間に、新しい車に乗り換えるよう何度も家族に勧められたが、平川は頑として聞き入れなかった。

そして平川の没後、河口湖自動車博物館（原田信雄館長）のコレクションに加わることになった。橋渡しをした松下弘は、保存状態の良さに感心したばかりでなく、乗り続けた者の名前を聞く前に「相当の人物だな」と、車から直観したという。

テニスの仲間たち

仕事を退いてからの平川唯一の日常は、それでも暇を持て余している様子はなかった。太子堂から移った若林の住まいの敷地は広く、その手入れにいそしんでいることもしばしばであった。季節になると、三方を囲む垣根には、平川の〝夢〟であった薄桃色のバラの花が一斉に咲いて、通る人々の目を楽しませた。知人から届けられた一株の小さな里芋を次々に根分けして、収穫時にはザルいっぱいの小芋を得たこともあった。玄人はだしの道具を駆使して、大工仕事やペンキ塗りをやることもあった。いずれも、少年時代から青年期に培った経験と、体を動かすことを苦にしない平川の性格が、よく表れていた。

　場所になると、夕方はテレビに向かって相撲を観戦した。幾度か国技館に足を運んだこともある。壽美雄の記憶では、英語で相撲の実況をしたことがあったという。決まり手の一つ一つについて、父から説明されたことがある。

　しかし、平川の趣味は何と言ってもテニスに尽きる。多いときには週に四回、モーリス・マイナーに乗って出かけ、午後のほとんどを費やした。

　平川とテニスの結びつきは、やはりアメリカ時代にさかのぼる。大学時代、義姉からの贈り物に対する礼状の中で、「今日の日曜も六時半ごろ起きてテニスをやってきました。今まで負けていた友達に六対〇で勝って、胸がスーッとしました。……あんなに面白い遊びは他にないですね」と記している。

　海外放送研究グループ編『NHK戦時海外放送』の中で、伊藤規矩治《きくじ》が戦中を振り返って文章を載せている。その中に、平川とテニスのことが出てくる。

「……ちょっとスリルがあったのは、シンガポールで捕虜となったカズンズ少佐とテニスをしたことである。彼は第一ホテルを宿舎として英語放送を手伝わされていたのだが、運動不足になるからせめてテニスでもさせてくれといったのだそうである。そこで平川唯一先生から、お前のところのコートでやらせろということになり、富坂二丁目のわたしの家へやってきた。……平川さんはさすがに国際人だから、あのウルトラ・ナショナリズムに踊らされていた民衆の中を、平気な顔をして敵の捕虜を電車に乗せてやってきた。テニスはみな下手クソだったが、やがて夕立がきて、家にあがり、なけなしの紅茶でもてなしたように覚えている」

戦後になってテニスを本格的にやり出すのは、「英語会話」が軌道に乗ってからである。二十一年十月二十六日、東京ローンテニスクラブに会員の申し込み手続きを行っている。

日本にテニスが紹介されたのは、明治十一年（一八七八）文部省の委嘱で来日した米人リーランド体育博士によるとされる。明治三十三年になると、総理大臣伊藤博文は、現在の国会議事堂のある場所の二千坪を、テニスコート建設用地として無償提供している。これが「名門」と言われる東京ローンテニスクラブの礎石である。その後、幾度かの移転があり、現在の港区南麻布五―六―四一、有栖川《ありすがわ》公園に向かい合う地に定まったのは昭和十五年である。

平川が入会したのは、暗黒時代ともいうべき時期を経て、まさにクラブ再建に当たっているころである。GHQ幹部に、戦前の会員が数人いて、特別の配慮もなされたらしい。

平川はあるとき、財政難からコートの整備もままならない状態を見かねて、三十万円の寄付を申し出ている。その際、東京ローンテニスクラブ史上初めての終身会員に推されている。また、昭和四十五年五月から四十七年四月までの二年間、理事長を務めている。

森謙次は、戦前からの会員であった父の直秀とともにファミリーで来ていたころ、平川と知り合った。ラビットで通っていた平川の姿をよく覚えている。年齢では親子ほども違うが、明るく気さくな森は、平川にとって弟分のような存在であったらしい。また、森も、平川ら先輩の面倒をよく見ている。

昭和三十年代に入って、三井鉱山の役員を務めた田代修一が呼びかけ、親睦の会である「タコの会」が発足した。頭は一つ、手足は八本が名称の由来というから、当初は八人か九人で始めたらしい。その後、希望者を拒まないところから、会員は二十人ほどに増えた。旅行が恒例の行事で、全国行かないところはないほどであったという。世話役であった森は、平川が旅先で「今日は帰らなくてもいいんだね。実にいい気分だな」とくつろぐ姿を見ている。「タコの会」は昭和六十年、田代の亡くなる半年前に森が本人の意向を確認して解散を決めたが、それまで三十年近くにわたって続いている。

功なり名を遂げた人々の親睦である。気のおけない関係であった。「プレーの後、シャワーを浴びて汗を流し、ビールに渇をいやしながら、冗談を飛ばし、雑談に花を咲かせるのは、最高に愉快である」と、最高裁判所長官などを務め、自らも九十五歳までプレーした横田喜三郎が「余生の余生」に書いている。ふだんは無口な平川でも、この場では大いに愉快なひとときが過ごせたのであろう。

太子堂の家の塀には径七十センチほどの円が描いてあって、それがボールを打ち込む目標であった。少しでも時間があると、ここで練習した。クラブに出かける予定のとき、仮に急用が入っても、まず予定を変えることはしなかった。あくまでテニスが最優先なのである。実は、ＮＨＫ「英語会話」のときに、軽井沢でトーナメントがあり、これに出場するために特に断って休暇を得ている。

森によれば、テニスを見ていると、その人のたいていのことがわかるという。その伝では、平川のテニスはそんなに上手とは言えないが、手堅く、また楽しんでやっており、性格がよく表れていた。十セットもやると正味六時間はかかるが、それぐらいやることも珍しくなかった。「両腿《もも》が鋼のようだった」とも言う。

四十四年十月、六十七歳のとき、平川は川地実と組んで、兵庫県・芦屋で開かれた全国グランドベテラン庭球大会に出場し、優勝したことがある。川地は一九三一年のウインブルドン大会でベスト8に入ったほどの名手である。平川を補ってくれたのであろう。平川は大変に喜び、仲間を集め、自宅で祝勝会を催している。

しかし、年とともに相手も少なくなり、自らテニスをやめることを家族に告げる。森をはじめ、クラブの仲間の引き止めもあったらしいが、この辺が潮時であると本人は決めたようである。モーリス・マイナーもテニスに行かなくなれば、必要がない。八十五歳という年齢は、平川にとって人生の大きな節目であった。

晩年の平川は、耳が遠くなってはいたが、特に健康上の支障はなかった。ときどきは新聞やテレビにも登場している。しかし、平成五年に入ると衰えが目立つようになり、床に臥す日も多くなっていった。妻によれば、五月ごろには本人が死期の近づいているのを察知していたふしがあって、「あと三か月」というメモが残っていたという。

八月二十五日午後二時四十八分、家族や親しい人々の見守る中、平川唯一は静かに息を引き取っていった。享年九十一歳であった。

八月三十一日には前夜祈禱式が、翌九月一日には葬儀が、いずれも丸山一郎の司式で世田谷キリスト教会で執り行われた。

新聞の訃報で知ったのであろう、全国のかつてのカムカム・ベイビーたちから、多くの弔意が寄せられた。「一ファン」「有志」などとあるだけのものも交じっていた。

ソニー会長の盛田昭夫は、次の言葉を寄せている。

平川先生の御霊前に謹んで申し上げます。

戦後の惨禍の中でどうして立ち上がろうかと皆が思い悩んでいるとき、「カムカム・エヴェリボディ」と平川さんは我々を勇気づけて下さいました。私達も小さな会社をはじめて何かをやろうと決心した若者の集まりでありました。資源もエネルギーもない日本は、それを得るために外国を相手にして外貨をかせがなければと思っていましたので、平川英語に皆が飛びついたのでした。私達が昔、教わったのとは違った英語へのアプローチでしたから、感銘が深かったのです。

日本で最初のテープレコーダーをつくった我々を、言葉の教育になくてはならぬものだと勇気づけて下さいました。

今や世界の経済大国となった日本の浮上の原動力となったのがカムカム英語だと信じています。いつまでもお元気な方だと思っておりましたのに、御逝去を知り誠に残念です。国民の一人として先生に心からの御礼を申し上げ謹んで御冥福を祈ります。

日本人の一人一人が今日を生きることに一生懸命であったとき、「カムカム英語」は生まれた。それは英会話の勉強の時間ではあったが、ある意味ではそうではなかったかもしれない。少なくともあの十五分間だけは、自分たちの置かれた苦しい境遇を忘れ、没頭することができた別世界であった。そこから明日への希望と勇気も見つけることができた。

平川唯一は今、富士の山懐に抱かれて永遠の眠りに就いている。墓標には、あのCome Comeの文字が深々と刻まれている。

あとがき　復刻版に寄せて

二〇二一年秋からのNHK朝の連続テレビ小説で「カムカムエヴリバディ」が放送されることになりました。ヒロインが三代にわたってラジオ英語講座と共に夢への扉を開いていくファミリーストーリーです。そのヒロインたちが聞き続けたラジオ英語講座は、私の父である平川唯一が講師をしておりました。「敗戦後の日本の沈んだ空気を変えたい」という思いで、優しく温かく語りかける平川唯一の英語講座は、ヒロインたちだけでなく、多くの人々を励ましました。

一九九三年の父の死後、「カムカム英語」を記録としてとりまとめてはどうかというお話をいただき、一九九五年に出版したのが本書です。当時の様子や雰囲気を味わっていただきたくて、あえてそのままの復刻版としました。

執筆にあたっては、戦後約十年間にわたる英語講座の経緯となると、父から聞いた話だけでは足りず、私たち家族も知らないことが少なくありませんでした。幸いにも、第一回からの放送原稿がすべて残っており、聴取者の方たちからのたくさんの手紙類、テキストや関連出版物もあり、当時熱心に勉強されたカムカム・ベイビーの方々が各方面で活躍されていましたので、取材することもできました。

英語講座をはじめるまでの父の人生にも苦労が多く、なかなか一筋縄ではいきませんでした。岡山県の貧しい農家に生まれた父は、幼少時から厳しい農作業を手伝いました。十六歳で渡米し、働きながら現地の小学校に通って英語を習い、ハイスクール、ワシントン州立大学へと進み、見聞を広めました。子供時代の過酷な労働に比べれば、それらは天国のように感じられたようです。大学卒業後は副牧師の免許を取得し、また役者としてハリウッド映画に出演を果たします。こうして培った英会話の学習法や英語表現が、戦後日本での英語講座にすべてつながっていきました。

アメリカから帰国してNHK国際放送のチーフアナウンサーを七年務めた父は、米軍司令部によく知られており、マッカーサー元帥は横浜のホテルニューグランドに到着すると「Joe Hirakawaを探せ、話をしたい!」と命じたそうです。そして父は英会話のラジオ講座を担当するように依頼されました。

従来の文法重視の英語ではなく、口真似の「英語遊び」から入る英語講座はとても画期的で、多くの方が父の魔法の虜《とりこ》になりました。「証城寺の狸囃子」のメロディーに歌詞をつけ、教養番組では初めてのテーマソング「カム・カム・エヴリバディ」をつくってオープニングに流しました。この歌は全国に知れわたって子どもから大人までみなが口ずさむようになり、平川唯一は「カムカムおじさん」と呼ばれて親しまれ、各地で行われるカムカム大会はたいへんな人の集まりでした。

父の成したすべての事柄は、けっして私利私欲のためにしたことではなく、絶えず自分の周囲にいる人たちの幸せのために行動してきました。この道のりは、戦争という激動期を生きたある男の人生というだけではなく、日本の英語教育史、ラジオ史にもつながります。

この本が、いま現在も世界中のあちらこちらにいらっしゃるカムカム・ベイビーの方々にもう一度、当時のことを懐かしんでいただける機会になりましたら幸甚でございます。当時を知らない方々にも、朝の連続テレビ小説をきっかけに、本書で父の「カムカム精神」に触れていただき、困難な時期に前向きに生きることへの勇気となりましたら平川唯一も喜ぶと思います。

最後に、朝ドラで平川唯一を演じてくださる、さだまさしさんが序文を寄せてくださったことに感謝を申し上げます。本書を復刻するにあたり、ＮＨＫ出版の小林玉樹編集局長、小沼智子氏にご協力いただき、誠にありがとうございました。

二〇二一年九月吉日

平川　洌

♪Come Come Everybody♪

平川唯一　略年譜

和暦	西暦	主な出来事
明治35	1902	岡山県上房郡津川村大字今津（現高梁市）に父・定二郎、母・民の次男として誕生。4歳上の兄は隆一
大正5	1916	津川尋常小学校高等科を卒業、家業の農業に就く
大正7	1918	16歳のとき、アメリカに出稼ぎに行っていた父を追って兄と2人で渡米。神戸から乗船しサンフランシスコ港に到着。父と合流後、オレゴン州ポートランドで線路建設作業員として約半年間働く。その後シアトルに移り、古屋商店の店員として半年ほど働く
大正8	1919	17歳のとき、現地の小学校スーウェド・スクールに入学。ハモンド家にスクールボーイ（書生）として住み込みで働きながら学校へ通う。ハモンド家でJoe（ジョー）という愛称をつけてもらう
大正9	1920	父・定二郎が単身帰国
大正11	1922	6月、飛び級により3年間でスーウェド・スクールを卒業。9月、20歳でブロードウェイ・ハイスクールに入学
大正15	1926	6月、ブロードウェイ・ハイスクールを卒業。10月、ワシントン州立大学に入学。2年生のときに専攻を物理学から演劇科へ変更する
昭和2	1927	父・定二郎が亡くなる。兄・隆一が帰国
昭和6	1931	6月、ワシントン州立大学を卒業
昭和7	1932	リトル・トウキョウ劇団の専任監督となり日英両語劇の指導に当たる。このころ俳優Joe Hirakawaとしてハリウッド映画に出演。その後ロサンゼルスのセントメリーズ・チャーチ（聖公会）の専任教師となる

母、兄と唯一（右）

昭和10　1935　聖公会で出会った滝田よねと結婚
昭和11　1936　長男・壽美雄（ビクター）が誕生
昭和12　1937　家族を連れてサンフランシスコ港からブエノスアイレス丸で横浜に帰国。12月、日本放送協会（NHK）に採用され、国際課のラジオのアナウンサーとして勤務
昭和16　1941　次男・洌が誕生。12月日米開戦となる
昭和17　1942　長女・睦美が誕生
昭和20　1945　終戦の詔勅（玉音放送）の英語放送を担当。9月、NHKを退職。次女・萬里子（メリー）が誕生
昭和21　1946　NHKラジオ第一放送で「英語会話」の講師を担当。主に午後6時から15分間放送される。「英語会話」テキストを、日本放送出版協会（現NHK出版）とメトロ出版社で発行
昭和23　1948　ファンのための雑誌『カムカム・クラブ』（メトロ出版社）を発行
昭和26　1951　2月でNHKでの放送が終了。12月から「カムカム英語」として民放各局で放送が始まる
昭和30　1955　「カムカム英語」放送終了
昭和32　1957　太平洋テレビジョンに迎えられる。翻訳部長を経て副社長就任
昭和40　1965　太平洋テレビジョンを63歳で退職
昭和56　1981　『みんなのカムカム英語』（毎日新聞社）出版。春の叙勲で勲五等双光旭日章を受章
平成5　1993　91歳で死去

結婚式

NHKラジオ英語講座　略年表

※主な講座のみ表記

和暦	西暦	講座（講師）
大正14	1925	英語講座（岡倉由三郎ほか）
大正15	1926	英語講座―初等科―（岡倉由三郎）
昭和8	1933	基礎英語（岡倉由三郎）
昭和10	1935	基礎英語（岡倉由三郎） 英語会話（T・ライエルほか）
昭和13	1938	基礎英語（堀 英四郎） 実用英語会話（S・H・グリッグスほか）
昭和16～20	1941・12月～45・9月	〈ラジオ第二放送休止〉
昭和20	1945	英語会話（J・A・サージェント） 基礎英語（堀 英四郎） 実用英語会話（杉山ハリス、西内正丸）

『英語講座―初等科―』
（岡倉由三郎）
1932年

『基礎英語』
（堀 英四郎）
1939年

『実用英語会話』
（杉山ハリス、西内正丸）
1945年

『英語会話』
（平川唯一）
1946年

昭和21	1946	英語会話（平川唯一） 基礎英語（小川芳男）
昭和25	1950	英語会話（平川唯一） 基礎英語（小川芳男）
昭和26	1951	英語会話（松本 亨） 基礎英語（小川芳男）
昭和37	1962	英語会話（松本 亨） 基礎英語（芹沢 栄） 中学生の勉強室（下村誠二）
昭和40	1965	英語会話（松本 亨） 基礎英語（三井平六） 続基礎英語（安田一郎ほか）
昭和47	1972	英語会話（東後勝明［月〜金］、松本 亨［土］）
昭和48	1973	英語会話（東後勝明）

『英語会話』
（松本 亨）
1951年

『英語会話』
（東後勝明、松本 亨）
1972年

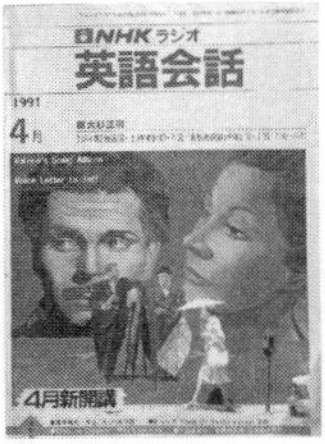

『英語会話』
（大杉正明）
1991年

『英会話入門』
（遠山 顕）
1994年

昭和62	1987	英語会話（大杉正明）
平成4	1992	ラジオ英会話（大杉正明）
平成6	1994	ラジオ英会話（大杉正明） 英会話入門（遠山 顕）
平成10	1998	ラジオ英会話（マーシャ・クラッカワー） 英会話入門（遠山 顕）
平成14	2002	英会話レッツスピーク（岩村圭南）
平成18	2006	徹底トレーニング英会話（岩村圭南）
平成20	2008	ラジオ英会話（遠山 顕）
平成30	2018	ラジオ英会話（大西泰斗）

『ラジオ英会話』
（大西泰斗）
2018年

『ラジオ英会話』
（遠山 顕）
2011年

『英会話レッツスピーク』
（岩村圭南）
2002年

『ラジオ英会話』
（マーシャ・クラッカワー）
2000年

著者略歴

平川 洌（ひらかわ・きよし）

昭和16年（1941）、平川唯一の次男として東京・世田谷に生まれる。昭和39年、自由学園最高学部経済学科卒業。同年、ホリー株式会社入社、貿易部に勤務。昭和50年、ホリー商事株式会社を設立、代表取締役となる。慶應義塾外国語学校講師、カムカム英語センター主宰。現在はウクレレの第一人者としてインターナショナルウクレレクラブ主宰。平成20年、ニューヨークのカーネギーホールで日本人として初めてウクレレソロ演奏を行う。ウクレレ教室をはじめ、教則本・CD・DVDなどで普及に努める。

写真協力　高梁市歴史美術館

編集協力　鈴木由香

校正　円水社

DTP　佐藤裕久

カムカムエヴリバディ
平川唯一と「ラジオ英語会話」の時代

2021年9月10日　第1刷発行

著　者　平川 洌　

©2021 Hirakawa Kiyoshi

発行者　土井成紀

発行所　NHK出版
〒150-8081 東京都渋谷区宇田川町41-1
電　話　0570-009-321(問い合わせ)
　　　　0570-000-321(注文)
ホームページ　https://www.nhk-book.co.jp
振　替　00110-1-49701

印　刷　新藤慶昌堂／大熊整美堂

製　本　藤田製本

乱丁・落丁本はお取り替えいたします。
定価はカバーに表示してあります。
本誌の無断複写(コピー、スキャン、デジタル化など)は、
著作権法上の例外を除き、著作権侵害となります。

Printed in Japan
ISBN978-4-14-081872-5 C0095